Bitcoin & crypto-monnaies

Bitcoin et cryptomonnaies
Le guide pratique de l'investisseur débutant

Auteur : Gilles Quoistiaux
Photographie de couverture : ©Photographer, Filmmaker, Designer (iStock)
Mise en page : Extra Bold
Éditrice : Géraldine Henry

159/4 avenue de la Couronne
B-1050 Bruxelles (Belgique)
www.editionsmardaga.com
info@editionsmardaga.com

ISBN : 9782804707286
Dépôt légal : 2019/0024/68

Gilles Quoistiaux

Bitcoin & crypto-monnaies

LE GUIDE PRATIQUE DE L'INVESTISSEUR DÉBUTANT

MARDAGA

Table des matières

Préface

Et si la dissidence monétaire était récupérée ?

Les cryptomonnaies deviennent une réalité. En vérité, ce ne sont pas des monnaies, mais plutôt des classes d'actifs. Si on s'intéresse au bitcoin, on comprend que cette monnaie est créée au rythme de la sécurisation d'un chaînage informatique qui certifie une séquence d'information. La fabrication de la monnaie repose donc sur la cristallisation d'informations qui sont chaînées. Aujourd'hui, les gouvernements et autorités monétaires réfutent le bitcoin qui altère leur capacité d'imposer leur droit régalien de battre monnaie pour lever l'impôt et assurer leur endettement. Mais demain ? Si on renversait tout ? Si l'exception devenait la règle ? Si une cryptomonnaie devenait monnaie d'État sachant qu'elle permet de déceler toute transaction ? Ce serait une dictature monétaire. Impensable ? Aucunement : l'histoire des monnaies est un récit de capture de monopole étatique. Peut-être qu'un jour, nous nous dirons que nous avons vécu, depuis quelques décennies, dans une bulle de liberté.

Les États considèrent donc le bitcoin avec scepticisme mais sans oppression : cette cryptomonnaie, par essence décentralisée, leur échappe. Ils pourraient en bannir le négoce, mais ce serait très complexe, voire vain, puisque le bitcoin est consubstantiel à la sécurisation de transactions basées sur une technologie dont les avancées technologiques sont incontestables. Bien sûr, la cryptomonnaie dans son essence première est un instrument qui se veut être indépendante d'une entité et a fortiori d'une institution, étant sécurisée et contrôlée par une «communauté». La blockchain n'est qu'un simple mécanisme qui permet ce contrôle communautaire. Ceci étant, les États ne tolèrent jamais qu'une monnaie concurrence celle qu'ils émettent car c'est dans cette dernière qu'ils lèvent l'impôt et s'endettent. C'est incidemment la raison pour laquelle les États décrètent qu'une monnaie a « cours légal ».

J'ai l'intuition d'un scénario qui paraîtra stupéfiant : imaginons que les États lancent leur cryptomonnaie (en diluant le bitcoin dans des agrégats monétaires plus importants) en imposant les travaux informatiques qui sécurisent toute transaction. Ce serait bien sûr un abus de langage puisque la monnaie ne serait plus alors « crypto » (crypto est un préfixe provenant de la racine grecque *kruptos* qui signifie « caché ») mais transparente. Dans ce scénario, la monnaie serait traçable et emporterait son historique de transactions. Elle ne serait plus spontanée puisqu'elle ne serait pas créée par le multiplicateur bancaire mais par un stock de monnaie sous le contrôle ultime des États. Ces derniers pourraient inflater ou déflater le stock monétaire à leur discrétion mais surtout pister toute transaction humaine. La monnaie redeviendrait un bien totalement public. Et les banques traditionnelles disparaîtraient puisqu'elles ne seraient plus nécessaires pour susciter un flux monétaire. En effet, la monnaie est à la fois un flux, créé par le multiplicateur bancaire, c'est-à-dire la séquence des dépôts et emprunts, et un stock, créé par les banques centrales. Si un État créait une cryptomonnaie, seul le stock de monnaie prévaudrait.

Cela conduirait, sous une forme extrême, à une idée que l'économiste américain Irving Fisher (1867-1947) avait imaginée dans les années trente sous la symbolique du « plan de Chicago ». Selon ce plan, qui relève de l'alchimie monétaire, tous les dépôts bancaires seraient inscrits au bilan de la banque centrale, à charge, pour cette dernière, de prêter ces dépôts aux banques privées. Ces dernières ne pourraient donc pas prêter plus que les dépôts reçus, ce qui s'assimilerait à une étatisation bancaire. Ce plan séparerait la fonction monétaire des banques de leur fonction de crédit. Ce serait un retour illusoire à ce que Keynes appelait une « économie de Robinson Crusoé ». Selon Irving Fisher, les avantages théoriques d'un « plan de Chicago » seraient un meilleur contrôle des phases de crédit et une baisse du crédit privé, un renforcement de la stabilité financière par l'évitement des *bank runs* et autres paniques, une annulation des dettes publiques détenues par les banques commerciales en contrepartie de leur dette vis-à-vis de la banque centrale et un contrôle étatique de l'inflation.

L'idée d'une cryptomonnaie étatique dans un « plan de Chicago » est-elle divagante ? Peut-être pas. Serait-ce un scénario orwellien ? À n'en pas douter. Est-ce plausible ? Pourquoi pas. Lorsque John Law (1671-1729), l'inventeur de la monnaie papier, que Karl Marx qualifia plus tard de prophète et d'escroc, imagina de remplacer la valeur de la monnaie par sa représentation, nombreux furent les sceptiques. Au fil de l'histoire, la monnaie est devenue fiduciaire (c'est-à-dire fondée sur la confiance) et scripturale (transmissible par des écritures manuelles ou informatiques). Aujourd'hui, la monnaie est au mieux un bout de papier et au pire des électrons qui apparaissent épisodiquement sur l'écran d'un ordinateur. Elle n'est plus gagée par des métaux précieux, comme c'était le cas dans le cadre des cours de change fixes de l'étalon-or du système de Bretton Woods, abandonné en 1971.

Et pour ceux que les précédents rassurent, il faut se rappeler que les monnaies, comme les divinités, n'existent que par leurs apôtres. Et parfois, la religion d'un rebelle à Rome, comme Jésus-Christ, devient une religion d'État. Le bitcoin, sous une forme différemment évangélisée, pourrait passer du statut de contre-monnaie, ou de monnaie dissidente, à une monnaie d'État.

Prof. Dr. Bruno Colmant
Membre de l'Académie Royale de Belgique

Introduction

Tout a commencé par un groupe WhatsApp.

Fin 2017, des amis m'invitent à rejoindre leur bande de joyeux investisseurs. Depuis plusieurs mois, ils multiplient les placements dans un produit virtuel qui sent le soufre : le bitcoin. Ils achètent et revendent au gré de leurs envies de curieuses devises, qu'ils appellent cryptos. Sur la messagerie WhatsApp, ils s'échangent tous les bons plans du moment. Ils repèrent les monnaies les plus prometteuses. Ils décortiquent leurs stratégies d'investissement. Et ils gagnent beaucoup d'argent.

Sceptique mais curieux, j'intègre le groupe WhatsApp des « Rich Motherfuckers ». Un groupe privé dont l'intitulé plutôt explicite correspond bien à l'atmosphère bling-bling, décomplexée et potache que je retrouverai tout au long de mon aventure dans le monde souterrain du bitcoin. C'est aussi un groupe trié sur le volet, puisqu'à mon arrivée, il ne compte que trois membres : Tom, Laurent et Bernard, le chef de gang.

Mon message de bienvenue est signé Tom, aussi appelé Nostradatom pour ses soi-disant capacités divinatoires lui permettant de repérer les bonnes et les mauvaises opportunités : « J'ai l'honneur de vous annoncer l'arrivée de Gilles dans le groupe ! Il a craqué et a ouvert son compte Coinbase😃. » Je vous parlerai plus loin de Coinbase. Pour faire simple, il s'agit d'une plateforme en ligne permettant d'acheter et de vendre des bitcoins et d'autres monnaies virtuelles. C'est généralement la première porte d'entrée vers la cryptomonnaie pour les investisseurs amateurs dans mon genre.

Les deux autres membres du groupe célèbrent mon arrivée à leur façon. Laurent m'accueille avec une triple émoticône *heavy metal* : « Premier investissement dans 10 ans : un yacht à Saint-Trop ! » « *Gilou is in da place!* », conclut Bernard avec un smiley doublé d'un pouce levé.

Bernard est le roi des bons plans. Dans la cour de récré, c'est le genre de copain qui fait de l'achat-vente de jeux vidéo, avec bénéfices. C'est le champion pour dégotter des produits électroniques de pointe au meilleur prix. C'est aussi la seule personne que je connaisse à oser importer un vélo électrique via Ali Express, l'Amazon chinois spécialisé dans les produits *low cost*.

Cette idée d'investir dans un produit aussi étrange que la cryptomonnaie ne peut venir que de lui. En débarquant sur le groupe WhatsApp, ça se confirme : c'est lui qui mène la danse.

Passés les premiers échanges de courtoisie, je me retrouve rapidement confronté à des messages obscurs, pour ne pas dire cryptiques : « Le XEM, ça te parle ? » « Sur SpectroCoin, ils me mettent que c'est *new.* » « J'espère que je ne serai pas trop tard sur le BNK. » Inutile de vous dire qu'au début de mon aventure, tout cela ne me dit pas grand-chose. Petit à petit, je parviendrai à décoder ce langage bizarre et ces abréviations inconnues du commun des mortels. Je vous en dirai plus sur ces abréviations absconses qui représentent des variantes du bitcoin et autant de possibilités d'investissement.

Parce que c'est bien de cela qu'il s'agit : pour la plupart des apprentis cryptoboursicoteurs, les monnaies virtuelles représentent de nouveaux types de placements. Déçus par les rendements faméliques offerts par les produits bancaires traditionnels comme le compte d'épargne, de nouveaux investisseurs – audacieux ou inconscients – se ruent sur le bitcoin et ses dérivés. Pour les *digital natives* (les générations nées avec Internet), ces produits issus de la révolution numérique offrent l'avantage d'être facilement accessibles en ligne.

Vous le découvrirez dans ce livre : il suffit de quelques tapotements sur son smartphone pour devenir l'heureux (ou désespéré) propriétaire de cryptoactifs. Pas besoin d'être un expert financier de haut vol ni de justifier de dix ans d'expérience dans une salle des marchés pour s'improviser investisseur en monnaies virtuelles. C'est ce qui fait l'attrait mais aussi le danger de ces nouvelles formes de placements en ligne. La plupart des nouveaux venus ne connaissent absolument rien aux règles régissant ce vaste et surprenant territoire numérique. Ce livre vous donnera les clés pour mieux comprendre les fondamentaux du bitcoin : sa technologie innovante, ses promesses, mais aussi ses failles et ses nombreux pièges.

Je n'ai pas manqué de tomber dans certains d'entre eux au cours de mon aventure. Mon expérience devrait donc vous être utile.

Celle-ci commence au contact de mes comparses du club des « Rich Motherfuckers ». Peu versés dans la finance, les trois lascars répondent bien au profil des *noobs** (tous les termes suivis d'un astérisque sont expliqués dans le lexique en fin d'ouvrage), ces amateurs qui découvrent le bitcoin et pensent toucher à l'Eldorado. Sauf que l'Eldorado a été découvert il y a près de dix ans. Et que d'autres chercheurs d'or se sont déjà largement servis.

Mais cela, ni moi, ni mes amis, ni la plupart des investisseurs les plus récemment arrivés sur la planète crypto ne le savent. Pourquoi dès lors sommes-nous si nombreux en 2017 et 2018 à tenter notre chance sur ce grand casino en ligne ? La réponse est simple : jamais la pépite bitcoin ne brille autant qu'à ce moment-là.

Il suffit de jeter un rapide coup d'œil au cours du bitcoin pour comprendre l'attrait massif que la star des monnaies virtuelles exerce sur les apprentis sorciers du crypto-*trading*. Entre janvier et décembre 2017, le cours du bitcoin est multiplié par 20 ! Autrefois réservées aux *geeks* et aux investisseurs aguerris, les plateformes d'échange de monnaies virtuelles connaissent alors un afflux sans précédent de nouvelles inscriptions.

Au plus fort de cette frénésie, le site chinois Binance comptabilise 240 000 ouvertures de nouveaux comptes en une heure à peine ! La plateforme américaine Coinbase peut se targuer d'être l'application la plus téléchargée sur l'App Store d'Apple à la fin de l'année 2017. À ce jour, cet acteur incontournable du monde de la cryptomonnaie compte plus de 20 millions d'utilisateurs.

Les monnaies virtuelles passent un nouveau cap. Elles ne sont plus réservées à une petite caste de spécialistes. Elles séduisent le grand public et se répandent comme une traînée de poudre à travers le monde.

Rendons hommage à Bernard et ses acolytes : en investissant plusieurs mois avant moi, ils ont fait preuve d'une excellente capacité d'anticipation. Et c'est bien cela qui m'a attiré, comme beaucoup d'autres curieux : cette facilité déconcertante avec laquelle il semble possible d'engranger d'énormes plus-values. Comme souvent, le moteur de l'investisseur tient en quelques mots : l'appât du gain.

À ce petit jeu-là, mes amis se révèlent plutôt adroits. C'est en tout cas l'impression que me donne le récit de leurs premiers exploits. Quand je rejoins le groupe WhatsApp, Nostradatom vient de générer en deux mois 7000 euros de bénéfices, avec un capital de départ de 5000 euros. Plus 140 %, qui dit mieux ? À ce moment-là, Laurent a investi 3000 euros et s'est reversé 5500 euros.

Quant à Bernard, il a récupéré sa mise de départ et il s'amuse avec les bénéfices. Ce bidouilleur de génie a même créé une application qui lui communique en temps réel l'évolution de ses placements. Le dispositif est relié à un astucieux écran-magnet collé sur son frigo. Chaque matin, lorsqu'il prend son petit-déjeuner, Bernard se délecte des plus-values réalisées pendant la nuit. L'écran se rafraîchit toutes les cinq minutes. S'il y a des gains, il poste un message explicite : « *I'm a richer motherfucker* ».

Au moment où je fais mes premiers pas dans le monde du bitcoin, la fièvre est à son comble. « + 400 euros de bénef juste en faisant dodo. Bangs ! », écrit Bernard sur WhatsApp. « Ça n'arrête pas de monter. Triple bangs ! », renchérit Tom. Certains jours fastes, le bitcoin flambe de 20 %. Un de mes amis voit son portefeuille de monnaies virtuelles s'alourdir de 3 400 euros en… 24 heures ! Sur mon écran de smartphone, les émoticônes « étoiles dans les yeux », « confettis » et « liasses de billets » se multiplient et me donnent le tournis.

Entraîné par l'exaltation de mes amis, je décide donc de participer à la fête et d'investir dans le bitcoin et les cryptomonnaies. Mais cette expérience n'est pas seulement une expérience personnelle. C'est aussi et surtout une aventure journalistique. Pour la mener à bien, je dispose d'un capital de départ de 5 000 euros, avancé par Roularta, mon employeur et éditeur du magazine économique belge *Trends-Tendances*.

Je vous ferai part de mes découvertes tout au long de ce livre, qui se destine aux investisseurs amateurs. Comme je l'ai expérimenté personnellement, le bitcoin et les monnaies virtuelles sont un territoire d'exploration fascinant. Avec cet ouvrage, je souhaite partager les connaissances que j'ai accumulées afin d'aider les néo-investisseurs, les curieux et les nouveaux mordus du bitcoin à prendre leurs décisions de manière éclairée. Avant de vous embarquer pour un périple sur la planète crypto, il est utile d'être conscient des risques et des opportunités qui se présenteront inévitablement sur votre route. Bon voyage.

¬ Qu'est-ce que le bitcoin ? Voici quelques repères

Vous êtes intéressé par le bitcoin, au point de songer à investir dans cet étrange actif ? Pour commencer, il peut être utile d'en savoir un peu plus sur cet ovni numérique, situé à la frontière de la finance, de la technologie et des idéaux libertariens.

A. Le bitcoin est une monnaie virtuelle.

Il n'a aucune existence physique. Aucun billet de banque ni pièce de monnaie ne sera jamais frappé à l'effigie de cette devise entièrement dématérialisée. Elle n'existe que sous forme numérique et s'échange sur Internet.

B. Le bitcoin est une cryptomonnaie.

Il repose sur un protocole chiffré. L'achat et la vente de bitcoins sont régis par un système cryptographique qui permet de sécuriser les échanges. Un bitcoin est protégé par une clé privée (une longue suite de chiffres et de lettres) sans laquelle il est impossible de transférer la cryptomonnaie d'un compte à un autre.

C. Le bitcoin est créé par les mineurs.

Les mineurs (chapitre 12) sont des personnes ou des groupes de personnes qui mettent leurs ordinateurs à disposition du réseau pour valider les transactions et créer de nouveaux bitcoins. La création d'un nouveau bitcoin suppose la résolution d'un calcul relativement basique (l'ordinateur recherche une suite de chiffres et de lettres en essayant toutes les combinaisons possibles jusqu'à trouver la bonne) mais très gourmand en capacités informatiques. Les mineurs du monde entier sont en compétition pour trouver la résolution de ce calcul. Le premier mineur qui découvre la réponse reçoit une récompense sous la forme d'une fraction de bitcoin. Ce processus très énergivore est utilisé pour créer de nouveaux bitcoins, mais aussi pour valider les transactions en bitcoins réalisées sur le réseau. Ce système de minage permet également de sécuriser les échanges de bitcoins. Pour réécrire ou falsifier les transactions en bitcoins, il faudrait qu'une seule personne ou une seule entité dispose de plus de 50 % des capacités informatiques utilisées dans le monde pour le minage de bitcoin. Ce que l'on appelle une « attaque à 51 %* » est quasiment impossible à mettre en place, notamment pour des raisons de coût.

D. Le nombre de bitcoins en circulation est limité.

Le protocole Bitcoin prévoit que 21 millions de bitcoins, et pas un de plus, seront à terme mis sur le marché. Plus de 80 % du nombre total de bitcoins sont déjà en circulation. D'après différentes estimations, le nombre de 21 millions de bitcoins sera atteint aux alentours de 2140.

E. Le bitcoin est une monnaie décentralisée.

Le bitcoin ne dépend pas d'une autorité centrale, comme la Banque centrale européenne, par exemple, qui est en charge de la politique monétaire dans la zone euro. C'est ce qui distingue de manière fondamentale le bitcoin d'autres types de monnaies. Le bitcoin fonctionne grâce à Internet, grâce aux mineurs et grâce à ses utilisateurs. Dans l'esprit de son concepteur, il a précisément pour objectif de se passer des intermédiaires traditionnels (banque, État, autorité de régulation) : « Une monnaie électronique en version pair-à-pair (*peer-to-peer*) permettrait de réaliser des paiements directement d'une partie à une autre sans passer par une institution financière », peut-on lire dans le livre blanc du bitcoin écrit par Satoshi Nakamoto, le mystérieux créateur de la cryptomonnaie. L'identité de ce dernier, qui a créé le bitcoin en 2008, reste à ce jour inconnue.

F. Le bitcoin est issu du mouvement des *cypherpunks*.

La philosophie libertarienne est à l'origine du bitcoin. Les libertariens placent l'individu au centre de leur réflexion et considèrent que toutes les formes d'autorité centralisée (État, institution financière, régulateur, etc.) nuisent au bon fonctionnement du système économique et asservissent leurs utilisateurs. C'est la raison pour laquelle les plus *geeks* d'entre eux – des *hackers* proches des mouvements anarchistes qui se sont baptisés *cypherpunks* ont imaginé une monnaie virtuelle fonctionnant de façon décentralisée, hors du contrôle de toute autorité centrale. Cette devise cryptographique, censée créer un nouvel ordre monétaire mondial : le bitcoin.

G. Le bitcoin n'a pas cours légal.

Cela signifie qu'aucun commerçant, aucune entreprise, aucun particulier n'est obligé d'accepter le bitcoin comme moyen de paiement. C'est ce qui différencie le bitcoin d'une monnaie légale comme l'euro : dans la zone euro, notre monnaie doit être acceptée. À l'inverse, cela ne veut pas dire que le bitcoin est illégal. C'est un moyen d'échange qui repose sur une acceptation tant de la part du vendeur que de l'acheteur.

H. Le bitcoin n'est pas régulé.

Le bitcoin n'est pas un actif financier soumis à régulation. Les régulateurs du secteur (en Belgique, la Banque nationale et la FSMA[1] - équivalent de l'AMF[2] en France) n'ont pas le bitcoin dans leurs attributions. Le marché des cryptomonnaies

1 Financial Services and Markets Authority

2 Autorité des Marchés Financiers

est largement dérégulé, dans le sens où les réglementations s'appliquant au secteur boursier (par exemple tout ce qui concerne les délits d'initié) n'y sont pas d'application. Mais cela ne signifie pas qu'aucune règle ne s'applique au secteur des cryptomonnaies. Les réglementations en matière de lutte contre le blanchiment d'argent ou de protection des consommateurs sont applicables. C'est ainsi que la FSMA et l'AMF alertent régulièrement le consommateur sur les arnaques (chapitre 14) qui se multiplient autour de produits « financiers » liés au bitcoin et aux cryptomonnaies.

I. Le bitcoin est basé sur la technologie de la *blockchain*.

La *blockchain* (ou chaîne de blocs) peut être comparée à un grand registre décentralisé, accessible en ligne et partagé par un grand nombre d'utilisateurs. Toute nouvelle information rédigée sur la *blockchain* est immédiatement accessible publiquement. L'insertion d'une nouvelle information est certifiée par le processus de minage décrit plus haut. C'est ce qui rend la *blockchain* quasiment infalsifiable. Le bitcoin est l'application la plus connue et à ce jour la plus aboutie de cette technologie.

Chapitre 1.

Mon premier bitcoin

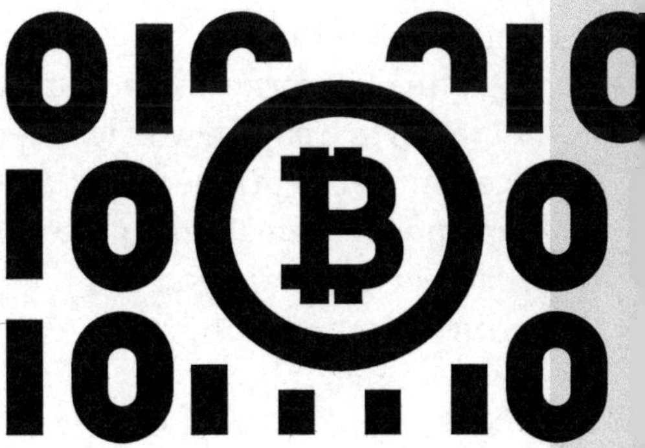

Il faut un début à tout. Pour mes premiers pas en tant qu'investisseur amateur, je me dirige logiquement vers la mère de toutes les cryptomonnaies : le bitcoin. Comment faire pour en acquérir ? Inutile de pousser la porte de votre banque ou de contacter votre conseiller financier, vous risquez d'être mal reçu. Les acteurs traditionnels de la finance se méfient comme de la peste des monnaies virtuelles, qui traînent – parfois à juste titre, comme vous le constaterez plus tard – une réputation sulfureuse.

C'est bien en ligne que se trouve la réponse.

Comme n'importe quel novice, je commence par surfer sur le Net à la recherche de quelques informations. Une rapide recherche sur Google m'oriente vers quantité de sites me promettant des gains fabuleux pour mes premiers investissements. Ne sachant pas s'il s'agit de sites fiables ou non, je délaisse rapidement cette méthode d'investigation (chapitre 14).

Je me tourne vers la presse spécialisée – quelques journalistes commencent à suivre régulièrement l'actualité des cryptomonnaies – et me renseigne auprès d'amis et de connaissances plus expérimentés que moi. Rapidement, un nom se dégage : Coinbase.

Cette plateforme américaine est connue pour être la première porte d'entrée vers les monnaies virtuelles. Son interface claire et sa prise en main aisée en font un compagnon de choix pour les amateurs qui ne veulent pas se prendre la tête. C'est bien entendu mon cas.

Impatient et fébrile, je télécharge l'application Coinbase sur mon smartphone.

Les premières étapes sont très simples. Elles ressemblent à toutes les procédures d'inscription sur n'importe quel service en ligne. Il suffit de renseigner une adresse mail et un numéro de téléphone mobile pour créer son compte. Reste à le valider par SMS ou par un outil d'authentification de type Google

Authenticator. Cette deuxième solution apporte une étape de sécurité supplémentaire, grâce à un double code de validation. En moins de cinq minutes, je suis inscrit sur Coinbase.

Mais ce n'est pas fini. À ma grande surprise, la plateforme américaine me demande de m'identifier formellement. Pour pouvoir accéder aux services de Coinbase et acheter les bitcoins tant convoités, je dois communiquer une copie recto verso de ma carte d'identité. Il s'agit d'une obligation légale, m'informe Coinbase, qui affirme opérer aux États-Unis en tant que « service financier régulé ». Je ne m'attendais pas à autant de précautions dans un secteur souvent décrit comme une sorte de Far West numérique, où régneraient arnaqueurs en tous genres, dealers de drogue et spécialistes du blanchiment d'argent. Ce n'est peut-être qu'une façade, mais Coinbase semble vouloir montrer qu'elle se soucie du respect des règles ou à tout le moins qu'elle est attentive à son image auprès du grand public.

J'envoie la photo de ma carte d'identité. Après une heure et 20 minutes d'attente, mon compte est validé. Visiblement, il n'a pas fallu réunir un comité d'experts en vérification d'identité ni contrôler que je ne m'adonnais pas à des activités illicites. La procédure est plutôt rapide et ça me convient très bien. Je vais pouvoir m'acheter mon premier bitcoin sans plus attendre !

Pas si vite. Je dois encore relier mon compte Coinbase à un moyen de paiement « classique ». Comme rien n'est gratuit dans ce bas monde, il faudra que j'achète mes bitcoins avec de la monnaie fiat*, la monnaie traditionnelle en langage crypto. En l'occurrence, pour ma part, ce seront donc des euros.

Impossible évidemment de glisser des billets de banque dans mon smartphone. Je dois choisir un moyen de paiement en ligne. Deux choix s'offrent à moi : soit une carte de crédit type Visa ou MasterCard, soit un virement européen SEPA (Single Euro Payments Area). Cette deuxième méthode me contraint à attendre plusieurs jours avant de voir mon portefeuille virtuel crédité en bitcoins. J'opte pour la carte de crédit, qui me permet d'être opérationnel très rapidement… moyennant des frais de transaction plus élevés (chapitre 7).

L'opération ne prend que quelques secondes : je vois rapidement apparaître ma carte de crédit sur mon compte. Elle est prête à chauffer. Via ce moyen de paiement, je peux investir jusqu'à 750 euros par semaine sur Coinbase. Cela me semble parfait pour un début.

Je décide de commencer en douceur. J'aimerais m'acheter un, voire deux bitcoins pour mettre un premier trophée dans mon étagère à monnaies virtuelles.

Mais je dois rapidement déchanter. Au cours du jour, le bitcoin vaut environ 11 000 euros. Je dispose d'un capital de 5 000 euros, ce qui ne me semblait pas si mal. Mais ce sera insuffisant. *Caramba!*

Je devrai donc me contenter d'une fraction de bitcoin. Apparemment, une telle opération d'achat en pièces détachées est tout à fait faisable. Je décide de placer une somme ronde, soit 500 euros, dans le bitcoin, que les initiés désignent aussi par l'abréviation BTC.

En deux clics, je valide la transaction et me déleste – non sans une certaine appréhension – de 10 % de mon capital de départ.

En moins de deux heures, je suis devenu l'heureux détenteur de 0,04267437 BTC.

En pratique, comment ça marche ?

Où acheter ses premiers bitcoins ?

Inutile de vous rendre dans votre agence bancaire ou auprès de votre conseiller financier. L'achat et la vente de cryptomonnaies n'ont pas encore pignon sur rue. En France, la société Coinhouse a ouvert à Paris un magasin physique où des conseillers vous aident à faire vos premiers pas dans le monde du bitcoin. En Belgique, ce type d'initiative n'existe pas encore, même si un projet étrangement baptisé « La Chapelle du bitcoin » – a été évoqué récemment à Liège, sans qu'il ait pu se concrétiser.

Pour vos premiers achats, tout se déroule donc en ligne.

Sur Internet, vous trouvez des plateformes d'échange sur lesquelles vous avez la possibilité d'acheter des bitcoins et d'autres monnaies virtuelles. Les plateformes les plus connues et les plus actives disposent d'une application mobile que vous pouvez télécharger sur votre smartphone. Le site spécialisé CoinMarketCap recense plus de 200 plateformes (Binance, Kraken, AnycoinDirect, Bitfinex, Poloniex…).

Pour mes premiers pas, j'utilise la plateforme Coinbase. C'est actuellement le plus gros acteur du marché. La plateforme américaine compte plus de 20 millions d'utilisateurs dans le monde. Malgré certains défauts majeurs que je détaillerai plus loin (chapitre 4), Coinbase est généralement plébiscité par les investisseurs débutants pour son interface intuitive et sa facilité d'utilisation. C'est un bon point de départ pour faire vos premières armes sur le marché crypto.

¬ Comment s'identifier ?

Toutes les plateformes prévoient un système d'enregistrement et d'identification. C'est ce qu'on appelle le KYC* (« *Know your customer* »), qui permet aux plateformes de mieux connaître leurs consommateurs. Dans les secteurs régulés comme la banque, ces procédures sont très encadrées. Elles ont pour but, notamment, de respecter des réglementations comme les dispositifs antiblanchiment d'argent. Dans le monde non régulé des cryptomonnaies, le flou règne sur ces dispositifs. Les plateformes d'échange développent donc leurs propres procédures internes, pour montrer leur bonne volonté aux autorités de contrôle, qui voient généralement le secteur crypto d'un mauvais œil.

Certaines plateformes demandent ainsi une copie de la carte d'identité. D'autres y ajoutent l'obligation d'envoyer un selfie associé à un document reprenant votre nom et la date du jour. D'autres encore demandent une preuve de domicile (par exemple une facture de gaz ou d'électricité). La plateforme belge Bit4You permet de vous identifier via l'application mobile Itsme. Reliée à votre carte d'identité électronique, cette application est utilisée par des acteurs publics (Tax-on-web, IRISbox, MyPension) et privés (ING, Proximus, Randstad).

Les procédures d'identification sont généralement assez rapides sauf en cas d'affluence majeure sur les plateformes d'échange. Lors de la flambée du bitcoin fin 2017, des centaines de milliers d'investisseurs amateurs ont dû ronger leur frein pendant plusieurs jours avant de pouvoir accéder à leur portefeuille crypto.

NOS CONSEILS :

1. **Anticipez.** Si vous vous intéressez aux cryptomonnaies, n'attendez pas que les cours flambent pour vous enregistrer sur les plateformes d'échange. Vous risquez de vous retrouver coincé dans un embouteillage de demandes.
2. **Multipliez les plateformes.** Pour diluer le risque, veillez à vous inscrire sur plusieurs plateformes. Cela vous permettra de répartir vos investissements sur différents portefeuilles en ligne ou *wallets**. Vous pourrez ainsi tester les différentes plateformes et comparer leurs services, leur facilité d'utilisation et *last but not least* les montants des frais de transaction. Pour débuter, nous vous suggérons néanmoins de choisir une plateforme facile d'accès de type Coinbase.

¬ Comment connecter ses moyens de paiement ?

Une fois que la procédure d'identification est terminée, il vous reste à connecter vos moyens de paiement. Pour une carte de crédit ou de débit, c'est extrêmement simple : il suffit d'encoder les renseignements classiques (numéro de carte, adresse, etc.). Cette procédure prend très peu de temps et vous permet d'être très vite opérationnel.

Pour les virements SEPA, c'est plus alambiqué. Il s'agit généralement de réaliser un premier virement vers un numéro de compte fourni par la plateforme. Lorsque j'ai effectué cette procédure pour mon inscription sur Coinbase, il m'a été demandé d'envoyer un virement d'un euro minimum sur un compte estonien. Après quelques jours d'attente (et beaucoup de doutes), j'ai reçu confirmation que mon compte bancaire avait été authentifié, et j'ai pu constater que l'euro envoyé par virement avait été crédité sur mon portefeuille en ligne.

Au cours de cette procédure, je n'ai reçu aucune demande d'explication, ni de la part de mon émetteur de carte de crédit (MasterCard) ni de la part de ma banque (Belfius). Je n'aurai pas non plus le moindre souci au moment d'acheter mes devises virtuelles. Cela ne signifie pas cependant que les banques ne sont pas attentives aux mouvements constatés vers les plateformes d'échange de cryptomonnaies. J'ai pu recevoir certains témoignages d'investisseurs qui ont vu certains de leurs virements bloqués par leur banque.

¬ Comment choisir son moyen de paiement ?

Pour acheter des bitcoins, plusieurs méthodes s'offrent à vous. Elles ont chacune leurs avantages et leurs inconvénients.

A. La carte de crédit.

C'est le moyen de paiement idéal si vous êtes pressé de réaliser vos achats de monnaies virtuelles. Cela peut être le cas lors de mouvements subits sur les marchés, qui vous poussent à agir vite. Une fois que vous êtes inscrit sur une plateforme d'échange (lire ci-dessus), il vous faut peu de temps pour connecter votre carte de crédit. Sachez cependant qu'un plafond de dépense peut être fixé pour ce type de paiement. Au moment de l'achat de mes premiers bitcoins en janvier 2018, ce plafond était de 750 euros par semaine sur la plateforme Coinbase. Il a depuis lors été revu à la hausse et s'établit désormais à 1500 euros.

Le désavantage le plus important de cette méthode de paiement se situe au niveau des frais de transaction, qui sont en moyenne plus élevés que pour les autres méthodes de paiement. Lors de l'achat de mes premiers bitcoins, j'ai dû débourser 16,09 euros de frais de transaction sur les 500 euros dépensés, ce qui représente une ponction de 3,2 %.

B. La carte de débit.

Certaines plateformes acceptent les paiements par carte bleue ou Bancontact. C'est le cas par exemple de la plateforme belge Bit4You ou du site néerlandais AnycoinDirect. J'ai simulé un achat sur cette dernière plateforme fin octobre 2018 et constaté que les frais pour un achat de 500 euros de bitcoins par carte bleue ou Bancontact s'élevaient à 6,03 euros, soit 1,2 % du montant de la transaction.

C. Le virement SEPA.

C'est le moyen de paiement le plus courant sur la planète crypto. Il a le désavantage d'être relativement lent : comptez environ deux à trois jours de patience (ou d'angoisse) avant d'être crédité sur la plateforme que vous avez choisie.

Petite précision : sur une plateforme comme Coinbase, le virement européen SEPA permet d'alimenter votre compte en ligne. Coinbase peut en effet stocker vos devises virtuelles mais aussi vos monnaies traditionnelles. C'est à partir de ce portefeuille en ligne libellé en euros que vous pourrez acheter vos bitcoins. Il reste donc encore une deuxième et dernière étape à franchir rassurez-vous, elle se règle en quelques clics – pour mettre la main sur vos cryptomonnaies à partir des euros que vous avez envoyés sur Coinbase.

Le virement SEPA a pour principal avantage d'être beaucoup moins gourmand en frais de transaction que les autres moyens de paiement. Pour reprendre la simulation citée plus haut (réalisée sur AnycoinDirect en octobre dernier), un achat de 500 euros de bitcoins générait 2,95 euros de frais, ce qui représente 0,6 % du montant de la transaction.

D. Le cash.

Aussi étonnant que cela puisse paraître, il existe des distributeurs de bitcoins. En Belgique, la société Orillia gère un parc de quatre distributeurs. Ces distributeurs de bitcoins – qui sont souvent hors service – acceptent des paiements en cash. J'ai fait personnellement le test en avril 2017 : le système fonctionne. J'ai injecté 50 euros et j'ai reçu en contrepartie son équivalent en bitcoins sur mon portefeuille en ligne, via un système de code QR à présenter à la machine.

Problème : cette méthode de paiement est loin d'être bon marché. Non seulement le taux de change proposé par le distributeur était assez peu avantageux par rapport à celui proposé par les principales plateformes en ligne, mais de plus, les frais de transaction étaient assez exorbitants : 6,35 euros sur un montant de 50 euros, ce qui représente tout de même 12,7 % de frais !

Chapitre 2.

Créer un portefeuille de crypto monnaies

Tout investisseur qui se respecte doit diversifier ses placements. Bien décidé à suivre cet adage, je poursuis mon exploration du vaste monde des cryptomonnaies. Je découvre rapidement que le bitcoin est l'arbre qui cache la forêt. Le site spécialisé CoinMarketCap en recense plus de 2000 !

Sur Coinbase, la plateforme des *noobs**, le choix est pourtant des plus faméliques. Lorsque j'entame mon expérience, Coinbase m'offre la possibilité d'acheter du bitcoin, bien sûr, et trois autres monnaies : l'ether, le litecoin et le bitcoin cash. Chacune de ces monnaies virtuelles arbore un logo clinquant. Celui du bitcoin, un B majuscule doré agrémenté de deux barres verticales ressemblant étrangement au dollar, est le plus connu. Le sigle du bitcoin cash est une pâle copie verdâtre de celui du bitcoin. Celui de l'ether est une sorte de double pyramide stylisée aux tons métallisés. Le litecoin me déçoit un peu : son logo est un simple L, barré horizontalement pour une raison qui m'échappe totalement.

On se croirait presque dans les Pokémon (« Attrapez-les tous ! ») ou dans une collection de stickers ou de *pogs*, ces petites rondelles en plastique que l'on s'échangeait dans les cours de récréation. Visiblement, le cryptomarketing tourne à plein régime. Cette impression est vite renforcée dans les jours qui suivent mes premières recherches sur les monnaies virtuelles. Sur Facebook et sur Twitter, je reçois des *posts* sponsorisés m'invitant à acheter des produits dérivés (tasses, autocollants, t-shirts…) à l'effigie de mes cryptomonnaies « préférées ». Après une longue hésitation, j'ai finalement la présence d'esprit de ne pas commander le pull de Noël griffé « bitcoin » ou « ethereum » à 60 euros.

Tout cela ne m'aide pas à choisir les monnaies virtuelles dans lesquelles j'ai intérêt à investir. Pour un investisseur amateur comme moi, choisir ses placements dans la jungle des cryptomonnaies est aussi difficile que de distinguer des variétés de radis. Je commence à me renseigner sur ces monnaies alternatives au bitcoin, aussi dénommées *altcoins**. Pour me faire une idée plus précise, je m'introduis dans la communauté *underground* des *cryptoaddicts* (chapitre 6). Rapidement, on m'invite dans des groupes de discussion sur WhatsApp et Telegram et dans des forums spécialisés sur Slack. J'y pioche de précieux conseils.

Mon choix étant limité par la plateforme que j'ai choisie (Coinbase), je me dirige vers l'ether et le litecoin pour compléter mon portefeuille de monnaies virtuelles. Ces cryptomonnaies font partie du top 10 des plus grosses capitalisations du marché. Ce sont les monnaies virtuelles les plus appréciées et les plus échangées dans le monde. La monnaie dominante reste le bitcoin. Selon les périodes, la valeur des bitcoins en circulation représente entre 30 % et 50 % de la valeur totale du marché des cryptomonnaies.

À chaque monnaie sa petite histoire. Les investisseurs expérimentés que je rencontre et que je côtoie en ligne aiment analyser en profondeur les projets portés par les concepteurs de ces étranges jetons numériques. « N'investis que dans les projets en lesquels tu crois », me répète-t-on souvent. Lorsque l'on fait ses premiers pas dans le monde des cryptomonnaies, ce genre de phrase ressemble à de vaines incantations. Comment comprendre ces mystérieux « projets » portés par des entrepreneurs largement méconnus du grand public ?

Le bitcoin lui-même est plutôt opaque. Créé par l'évanescent Satoshi Nakamoto dont personne n'a jamais pu révéler la réelle identité –, le bitcoin est une monnaie fonctionnant sur le principe de la décentralisation. Censé créer un nouvel ordre monétaire mondial, le bitcoin permet de s'affranchir des institutions financières classiques (les banques) et des États, qui sont les garants du système monétaire. Un idéal libertarien (voire anarchiste) a présidé à sa création, dans la foulée de la crise financière de 2007 qui a révélé les excès des banques. On ne peut pas dire que le bitcoin se soit déjà imposé comme un nouveau moyen d'échange ou de paiement (chapitre 9), mais son histoire bâtie autour d'une certaine notion de contre-pouvoir séduit de nombreux *aficionados* de la monnaie virtuelle, qui aiment se prendre pour des cryptorévolutionnaires.

Pour les autres monnaies virtuelles, le récit est moins romantique et philosophique que celui du bitcoin. L'ether (ETH), par exemple, est la monnaie préférée des entreprises actives dans la *blockchain*. C'est l'entrepreneur à l'allure d'adolescent Vitalik Buterin, l'une des stars du monde des cryptos, qui a développé le protocole Ethereum. Celui-ci permet de créer des contrats intelligents (*smart contracts*), qui peuvent s'exécuter de façon automatisée. Par exemple, grâce à un *smart contract*, un assureur peut indemniser automatiquement les passagers d'un vol aérien qui aurait été annulé.

Voilà pour l'un des exemples les plus concrets, les plus solides et les plus prometteurs. Mais toutes les cryptomonnaies ne sont pas faites du même bois. Dans ma recherche du meilleur mix de cryptoproduits, je fais la rencontre de devises plutôt exotiques. C'est ce que l'économiste Nouriel Roubini appelle les *shit coins**. Très critique au sujet des cryptomonnaies, celui qu'on appelle aussi Mr Doom pour ses prédictions apocalyptiques récurrentes sur l'économie de la planète considère que le bitcoin et ses dérivés ne reposent pas sur le moindre système de valeurs connu. Selon Nouriel Roubini, les cryptomonnaies sont des mirages numériques insignifiants vendus par des escrocs.

Si ses propos sont probablement excessifs – c'est aussi son fonds de commerce –, on ne peut pas lui donner entièrement tort concernant certains cryptoproduits dont le projet est totalement creux, voire grotesque.

Pourriez-vous investir dans le Jesus coin (JC) ? Cette devise numérique, symbolisée par une croix stylisée, a pour ambition de « décentraliser Jésus sur la *blockchain* ». Je vous invite à consulter la vidéo présentant la naissance du Jesus coin : vous la trouverez sur YouTube. C'est évidemment une amusante parodie. Mais chose étonnante – il est tout à fait possible de se procurer cette absurde devise sur certaines plateformes d'échange. Comme toutes les autres cryptomonnaies, le Jesus coin possède en effet une certaine valeur, libellée en bitcoin, en ether ou en dollar. Pas de miracle cependant pour cette devise virtuelle : en octobre dernier, elle faisait l'objet de très peu d'échanges et valait à peine plus d'un millième de centime de dollar

Vous l'aurez compris, ma décision est prise : je n'investis pas dans le Jesus coin. Mais lorsque l'on se constitue un portefeuille crypto, on ne fait pas toujours la fine bouche et j'aurai l'occasion d'investir dans des monnaies dont le sérieux peut être mis en doute.

Au total, je me confectionne une panoplie d'une dizaine de cryptomonnaies.

Dans la plupart des cas, je me laisse séduire par les explications de mes nouveaux amis, qui ont développé depuis plusieurs mois, voire plusieurs années, une certaine expertise dans les cryptomonnaies. Je leur fais confiance pour me dégotter les meilleures affaires.

Sur les bons conseils d'un cryptoaddict qui anime un groupe WhatsApp que j'ai rejoint, je mets la main sur de l'enjin (ENJ). Cette devise se présente comme la future monnaie des adeptes de jeux vidéo en ligne comme Minecraft. Vu le marché énorme que représente l'industrie du jeu vidéo, si cette prophétie se réalise, l'ENJ pourrait bien voir sa valeur exploser. Je me procure également du neo (NEO), que l'on me présente comme l'ether chinois. Je suis séduit par le stellar (XLM), une monnaie dont la technologie, appuyée par IBM, vise à faciliter les paiements internationaux. Je me procure du ripple (XRP), une devise liée à un protocole de paiement prometteur testé par de grandes banques comme UBS, HSBS ou Crédit agricole.

Toutes ces belles histoires me fascinent et me confortent dans mes choix. Mais je ne perds pas de vue mon objectif initial : faire fructifier mes investissements. C'est ainsi que j'investis dans le nem (XEM).

Un de mes nouveaux conseillers en cryptoplacements, rencontré sur Twitter, me suggère de mettre une partie de mes billes dans cette monnaie virtuelle qui n'a rien à voir avec la gastronomie asiatique. En janvier 2018, quand je me lance avec enthousiasme sur le marché crypto, la plateforme japonaise Coincheck fait l'objet d'une cyberattaque de grande ampleur. Ses dirigeants reconnaissent piteusement s'être fait subtiliser 500 millions de nems. Ce butin équivaut à 426 millions d'euros au cours du jour, ce qui en fait le plus gros piratage de l'histoire des cryptomonnaies !

Cette péripétie malheureuse fait germer une idée saugrenue dans l'esprit de mon « courtier ». Comme ce casse du siècle fait trembler le cours de plusieurs cryptomonnaies, dont le fameux nem, qui plonge dans les abysses, ce pourrait très bien être le moment d'en acheter. Mon conseiller me propose de profiter de cet épisode (qui ne serait que passager) pour ramasser du nem à bas prix. Dès que les cours remonteront, je m'en débarrasserai avec une jolie plus-value. Diabolique !

Je me rends sur une plateforme qui propose du nem et constate que je ne suis pas le seul à avoir eu cette idée sournoise : les échanges sont intenses sur le nem, dont le cours commence déjà à reprendre du poil de la bête. Pris par le démon du jeu, j'achète 226 nems pour un peu moins de 200 euros.

Mais il faut bien une morale à cette histoire : après quelques soubresauts, le nem poursuit sa chute, précipitant mon placement dans les limbes. Il ne se redressera pas avant la fin de mon expérience, m'obligeant à acter une fâcheuse moins-value (- 67 %).

Cela dit, la morale n'a pas grand-chose à voir avec les placements en cryptomonnaies. La solidité d'un projet qu'elle soit réelle ou survendue n'est pas un gage de rendement. À l'inverse, un investissement « casino » peut donner de très bons résultats. C'est ainsi que l'airswap (AST) que j'achète sur un coup de tête m'offrira finalement un surprenant rendement de + 73 %. Je pourrais vous dire que c'est l'instinct. Je pense surtout que c'est un coup de chance.

En pratique, comment ça marche ?

¬ Comment acheter des monnaies alternatives au bitcoin ?

La plateforme Coinbase est parfaite pour une première prise en main du marché des cryptomonnaies. Mais elle ne propose pas le plus grand assortiment de monnaies virtuelles. Depuis mes premiers pas dans le monde des cryptos, elle a cependant élargi son offre. Outre le bitcoin (BTC), le bitcoin cash (BCH), l'ether (ETH) et le litecoin (LTC), elle propose désormais l'ethereum classic (ECH), le 0x (ZRX) et l'USD coin (USDC). Cette dernière devise a la particularité d'être un *stable coin**, c'est-à-dire une monnaie virtuelle stable parce que liée au cours du dollar.

Sachant qu'il existe plus de 2 000 cryptomonnaies en circulation, Coinbase peut être frustrant. Si vous êtes curieux et gourmand, vous devrez rejoindre d'autres plateformes d'échange (chapitre 4). Des sites comme Binance (Chine), Kraken (États-Unis) ou encore OKEx (Hong-Kong) proposent des centaines de cryptomonnaies différentes. De quoi avoir rapidement le tournis.

NOS CONSEILS :

1. **Constituez-vous une réserve de bitcoins.** Seules les monnaies les plus importantes (BTC, ETH, LTC) peuvent s'acheter avec des euros. Sur les plateformes comme Binance, qui sont de véritables salles des marchés en ligne, la principale monnaie d'échange est le bitcoin. Pour acheter des devises alternatives plus exotiques, vous devez donc disposer d'un stock de bitcoins.

   Dans une moindre mesure, d'autres monnaies comme l'ether et le litecoin peuvent aussi vous permettre d'acheter certains *altcoins**. Mais le pétrole de ces plateformes reste le bitcoin. C'est aussi ce qui fait la valeur et le succès de la « mère de toutes les cryptomonnaies ». Les *traders* les plus expérimentés ne regardent plus la valeur de leurs monnaies alternatives par rapport aux euros ou aux dollars, mais bien par rapport au bitcoin.
2. **Monitorez vos placements.** Diversifier vos investissements est certainement une bonne chose pour mieux répartir les risques. Mais il peut vite devenir difficile de suivre l'évolution de vos placements, surtout si vous procédez à de nombreuses opérations d'achat-vente via différentes plateformes d'échange.

   Heureusement, certaines applications sont là pour vous faciliter la vie. Elles vous permettent d'encoder toutes les opérations réalisées au jour le jour. Elles sont reliées en temps réel au cours des différentes cryptomonnaies en circulation, ce qui vous donne un aperçu fiable de l'évolution de vos placements.

Personnellement, j'utilise Cryptocompare, qui propose une interface relativement intuitive mais n'est disponible que pour PC. Si vous préférez consulter votre portefeuille sur smartphone, vous pouvez télécharger par exemple l'application gratuite Delta. Créée par une start-up gantoise, elle est très appréciée et bien cotée dans l'univers crypto.

¬ Comment choisir ses monnaies alternatives ?

Vous vous en doutez, il n'y a pas de recette miracle. Je me contenterai de vous donner quelques indications qui pourraient vous être utiles. Mais les décisions finales vous appartiennent.

Tout d'abord, renseignez-vous. Si vous vous intéressez à la technologie qui se cache derrière les cryptomonnaies, si vous êtes passionné par la *blockchain*, si vous êtes un *geek* avant d'être un boursicoteur, prenez le temps de connaître les cryptomonnaies dans lesquels vous comptez placer vos billes. Soyez prêt à garder vos placements sous le coude pendant des mois, voire des années, en attendant que les concepteurs de votre devise préférée lui trouvent des débouchés. Rendez-vous sur les forums spécialisés, discutez avec des spécialistes. Mais gardez l'esprit critique : les arnaques pullulent dans le monde des cryptos (chapitre 14).

NOS CONSEILS :

1. **Dans le doute, visez le haut du panier.** Cela ne vous mettra pas à l'abri des déconvenues. Mais si vous vous procurez les cryptomonnaies les plus connues et les plus souvent échangées, vous prenez moins de risques que les investisseurs s'en désintéressent totalement et fassent plonger les cours jusqu'à une valeur proche de zéro (lire ci-dessous).

   Pour connaître la capitalisation et le niveau d'échange des cryptomonnaies, vous pouvez notamment vous rendre sur le site de référence CoinMarketCap. Celui-ci vous permet de trier les monnaies par niveau de capitalisation. Outre le bitcoin (BTC), l'ether (ETH), le litecoin (LTC) et le bitcoin cash (BCH), vous trouverez en haut du classement des devises comme le ripple (XRP), le IOTA, l'EOS, le cardano (ADA), le dash, le monero (XMR), le stellar (XLM), etc.
2. **Évitez les *shit coins**.** Il est très peu probable que toutes les cryptomonnaies actuellement en circulation (plus de 2000, quand même) prouvent un jour leur utilité. Un grand nombre d'entre elles tomberont dans les oubliettes du Web. Le bitcoin, qui vient de fêter ses dix ans, semble afficher une belle capacité de résistance. Mais nous manquons encore de recul pour évaluer la solidité de tous les projets qui apparaissent sur le marché de la crypto. Une chose est sûre : de nombreux projets cryptos sont totalement farfelus. Le Jesus coin, le banana coin, le marijuana coin ou encore le spank chain ont plus que probablement été créés par de petits farceurs. Nous vous conseillons d'éviter ce genre d'investissement amusant mais ultra-risqué.

Comment repérer les *shit coins* ?

Outre leur nom ridicule, ils sont généralement listés uniquement sur des plateformes d'échange de seconde zone. Sur CoinMarketCap, vous pouvez facilement trouver où acheter ces drôles de devises. Si vous ne les retrouvez pas sur les *exchanges* les plus connus et les plus actifs (Binance, Kraken, Poloniex...), passez votre chemin.

La plupart des *shit coins* finissent au bout de quelques mois par ne plus valoir tripette. Mais des petits malins se spécialisent dans les investissements dans ces devises improbables. Si l'équipe de rigolos qui a créé l'une de ces devises parvient à faire suffisamment de *buzz* autour de son projet, cela attire parfois un peu de monde. Le *shit coin* peut alors rencontrer un certain succès, voir (temporairement) son cours monter et faire le bonheur de quelques investisseurs cyniques ou particulièrement chanceux, qui parviennent à revendre leur jeton au bon moment, avant la chute fatale.

Le *shit coin* le plus célèbre est le dogecoin. En 2013, un chien et ses commentaires absurdes font fureur sur Internet. Un certain Jackson Palmer le récupère pour en faire le symbole d'une nouvelle cryptomonnaie. Contre toute attente, le dogecoin parvient à mobiliser une large communauté qui investit dans cette parodie assumée. Deux ans plus tard, son créateur revend ses devises. En 2018, il s'étonne encore du succès improbable de son projet : « Le fait qu'une monnaie avec un chien pour mascotte et n'ayant pas mis à jour son programme depuis plus de deux ans atteigne plus d'un milliard de dollars de capitalisation en dit long sur l'univers des cryptomonnaies », écrit-il sur Twitter.

Qu'est-ce qui influence le cours des cryptomonnaies ?

Le marché des cryptomonnaies est extrêmement volatil. Après une flambée mémorable en 2017, les cours se sont effondrés en 2018.

Le marché des cryptos emprunte une série de codes aux marchés financiers classiques. Sur les plateformes d'échange, on peut voir leur cours évoluer minute par minute. Des experts en crypto-*trading* se spécialisent dans ce marché très particulier. Comme sur le marché des actions, ils font des analyses techniques des graphiques d'évolution des cours.

Durant mon expérience, j'ai été en contact avec certains de ces *traders*. Ils m'ont envoyé des schémas agrémentés de chandelles vertes (en hausse) et rouges (en baisse), montrant les « forces » et les « résistances » du bitcoin. C'est une discipline complexe à laquelle certains ont tenté de m'initier. Mais je suis resté hermétique à cette « science » qui me semble au final plutôt ésotérique et dont je ne suis pas capable de saisir les tenants et les aboutissants.

Une ligne de démarcation me semble en tout cas assez claire entre le marché classique et le marché crypto. Une action en bourse est reliée à une entreprise évoluant dans un environnement économique concret. Une cryptomonnaie est décorrélée de cette rationalité, quel que soit le projet poursuivi par ses concepteurs. On ne peut donc pas appliquer aux cryptos un cadre d'analyse économique et financier classique.

C'est la raison pour laquelle les esprits les plus critiques considèrent que le marché des cryptomonnaies n'est rien d'autre qu'un vaste casino en ligne.

Voici les facteurs parfois démentis qui sont le plus souvent avancés pour expliquer les variations de cours plutôt brutales subies par le marché des cryptos.

A. L'offre et la demande.

Le marché du bitcoin est un jeu à somme nulle. Des vendeurs proposent leurs actifs numériques au plus offrant, à travers des intermédiaires (les plateformes d'échange). Plus la demande est forte, plus les prix augmentent. Les convaincus du bitcoin ajoutent que la rareté du bitcoin fait sa valeur. Le code initial du bitcoin le plafonne à 21 millions d'exemplaires. Ce nombre maximum devrait être atteint d'ici 2140 environ, quand les mineurs auront créé le dernier bitcoin. D'ici là, ses partisans estiment que le prix du bitcoin ne peut qu'augmenter.

Beaucoup d'économistes considèrent que le bitcoin ne vaut pas plus qu'un billet de Monopoly : « L'objet bitcoin n'a aucune valeur en soi », assure Georges Hübner, professeur de finance à HEC Liège. Le bitcoin ne serait qu'un produit spéculatif : « La vaste majorité des acheteurs de bitcoins espèrent qu'ils pourront les revendre plus cher à quelqu'un d'autre », estime-t-il. Si l'on suit cette logique, la valeur du bitcoin ne peut que tendre vers zéro.

B. Les baleines.

Certains investisseurs possèdent des quantités énormes de cryptomonnaies. En langage crypto, on les appelle les baleines (whales*). L'une d'entre elles, un certain Nobuaki Kobayashi, s'occupe d'une gigantesque procédure de recouvrement en faveur des victimes de la plateforme Mt.Gox. Cette plateforme japonaise créée par le Français Mark Karpelès dominait le marché des échanges de cryptos quand elle a fait faillite en 2014, suite à la mystérieuse disparition de 650 000 bitcoins ! En mars 2019, Mark Karpelès, surnommé le baron du bitcoin, a été condamné par un tribunal japonais à deux ans et demi de prison avec sursis.

De son côté, la baleine Nobuaki Kobayashi vend des sommes astronomiques de bitcoins et bitcoins cash (l'équivalent de 325 millions d'euros en moins d'un an) pour rembourser progressivement les quelque 100 000 victimes déclarées de la faillite de Mt.Gox. Chaque opération de la « baleine de Tokyo », qui contrôlerait 1 % de tous les bitcoins en circulation, serait capable de déstabiliser le marché. On lui attribue le mini-krach du 7 mars 2018, à l'occasion duquel le bitcoin a dévissé de 10 % en quelques heures (chapitre 8).

C. La régulation.

Le monde parfois obscur des cryptomonnaies n'aime pas la régulation. Toute nouvelle tentative de mettre sur pied des règles de contrôle des plateformes ou des échanges de cryptomonnaies semble mal accueillie par les investisseurs. C'est le cas par exemple lorsque l'autorité financière américaine (la SEC) propose de mettre sur pied une procédure d'enregistrement des plateformes d'échange. Ce type d'annonce est susceptible de propager ce que l'on appelle dans le langage crypto le FUD* (« Fear, uncertainty and doubt »).

D. Les pirates.

La sécurité des plateformes d'échange n'est pas toujours au top. Lorsque de grosses cyberattaques réussissent, la panique peut s'emparer des marchés. La cryptomonnaie dérobée peut immédiatement et irrémédiablement plonger. C'est ce qui est arrivé au nem, dans lequel j'ai eu la mauvaise idée d'investir.

E. L'influence du bitcoin.

C'est un phénomène bien connu sur le marché des cryptos. Lorsque le bitcoin tousse, les autres cryptomonnaies sont prises à leur tour de quintes de toux. Une véritable contagion se saisit alors du marché. À de rares exceptions près, les cours des *altcoins** sont corrélés au cours du bitcoin. Cela signifie qu'en période de baisse du bitcoin, il est très difficile (mais pas impossible) de réaliser de bonnes opérations sur les autres monnaies virtuelles en circulation. Le bitcoin, qui représente 30 % à 50 % du marché, reste très influent sur la planète crypto.

Chapitre 3.

Le quotidien d'un investisseur amateur

Je ne dois pas attendre longtemps pour subir ma première dégelée. Deux jours après mon investissement initial de 500 euros dans le bitcoin, le cours s'effondre. En quelques heures, je perds l'équivalent de 100 euros !

Peu habitué aux jeux d'argent, totalement ignorant des subtilités du *trading* et investisseur débutant dans les cryptomonnaies, je suis pris à froid. Alors que je pensais avoir acheté des bitcoins à bas prix (11 000 euros contre 16 000 euros trois semaines plus tôt !), je crains maintenant que la monnaie phare m'entraîne dans une chute inexorable. Angoissé, je ne quitte plus des yeux l'écran de mon ordinateur, de ma tablette ou de mon smartphone, réinitialisant les cours du bitcoin toutes les trente secondes.

Sur les forums spécialisés et parmi mes nouveaux amis du monde des cryptos, on s'amuse de ma fébrilité. Ils en ont vu d'autres. Dès le départ, le cours du bitcoin a été largement chahuté. Mais si l'on regarde la courbe de progression sur dix ans, elle est largement positive. C'est ce qui donne une certaine assurance aux investisseurs les plus chevronnés.

« HODL* », me crient-ils en chœur alors que je me demande déjà si le navire bitcoin n'est pas en perdition totale. HODL pour *HOLD*, « conserve tes positions » ou « tiens bon », si vous voulez. Cet acronyme, avec sa faute typographique devenue célèbre, est l'un des mantras les plus répandus dans le monde du bitcoin.

J'essaye de me raisonner et tente de mettre en place une stratégie d'investissement. Dans un premier temps, ce sera assez basique. Vous ne serez pas surpris d'apprendre que j'ai tout intérêt à acheter au plus bas (c'est déjà raté) et de revendre au plus haut (il va falloir que ça remonte). Je dois donc acheter quand je pense que le bitcoin a atteint le *dip**, c'est-à-dire le creux de la vague.

Je lance donc l'opération BTFD* (« *Buy the fucking dip* »), une expression fleurie chère aux membres d'un groupe crypto que j'ai rejoint récemment sur WhatsApp.

Je perçois une fenêtre d'opportunité avec cette première perte sèche subie par mon portefeuille en ligne. C'est le *dip*, je le sens. Soyons fous. Je suis prêt à investir 1000 à 2000 euros supplémentaires. J'ouvre l'application Coinbase et m'apprête à me délester d'une partie substantielle de mon capital de départ.

Hélas, j'ai oublié un petit détail. Le plafond de ma carte de crédit est dépassé (chapitre 1). Erreur de bleu. Je remballe mon smartphone et mes ambitions.

En attendant, le bitcoin reprend des couleurs. Le *dip* est passé. Opération BTFD avortée.

Dans les jours qui suivent, je ne cesse de scruter les cours, qui amorcent une nouvelle phase descendante. Je m'en réjouirais presque. Cela signifie que je vais pouvoir réinvestir.

Deux jours plus tard, confortablement installé dans mon canapé, j'enchaîne les épisodes de la série *Mr Robot*. Mais je suis distrait. Et inquiet. Je ne peux m'empêcher de jeter des coups d'il fiévreux à mon application. En fin de soirée, heureuse surprise ! Je constate avec soulagement que mon portefeuille en ligne a été alimenté. Le virement de 2000 euros que j'ai envoyé il y a quelques jours sur le compte estonien de Coinbase est enfin arrivé.

Pris d'une pulsion subite, j'achète pour 500 euros supplémentaires de bitcoins. J'ajoute 500 euros d'ethers (ETH) et 300 euros de litecoins (LTC), sans trop réfléchir. La manuvre est bouclée en quelques secondes à peine, en deux ou trois clics sur mon téléphone. J'exulte, persuadé d'avoir réalisé le coup du siècle.

Mais mon exultation est de courte durée. Je ne parviens toujours pas à me détacher de l'écran de mon smartphone. Minute par minute, je réinitialise l'application Coinbase, qui me donne en temps réel l'état exact de mes finances, en euros. Chaque chargement de la page d'interminables secondes à visionner un petit cercle blanc qui semble tourner sans fin est une véritable torture.

Ma nuit est agitée. Je cogite. Je me réveille à plusieurs reprises pour surveiller mes placements. Je redoute qu'un nouveau crash anéantisse mon opération BTFD.

Dans les jours qui suivent, mes pires craintes se confirment. Le bitcoin poursuit sa descente aux enfers. Un véritable tsunami balaye la planète crypto. Après l'euphorie de la fin de l'année 2017, c'est la consternation qui règne en ce début d'année 2018.

Sur les forums de discussion que je fréquente, on rigole nettement moins. Même mon premier groupe de soutien sur WhatsApp est en train de craquer. Les émoticônes « tête qui pleure » et « visage angoissé » ont remplacé les « bras costauds » et les jolies fusées. « *To the moon!** », l'expression favorite des crypto-enthousiastes persuadés que le cours du bitcoin va bientôt atteindre la lune, ne fait plus recette. « C'est la bérézina », plante Bernard, le leader du groupe des « Rich Motherfuckers ». « C'est la misère. Je HODL* jusqu'au jugement dernier », soupire Tom.

Le lendemain, ça empire encore. On me parle de « crash total ». Mon premier mentor plie bagage : « C'est bon, j'arrête les frais. Je viens de tout convertir en euros », annonce Bernard. « Bernard se barre ! C'est la fin des cryptoharicots ! », conclut Nostradatom. Je jette un œil à mon portefeuille : en trois semaines, il a fondu de 40 %.

Et ce n'est pas fini. Les cours de toutes les cryptomonnaies s'effondrent littéralement dans les jours qui suivent. La chute du bitcoin entraîne toutes les autres devises dans cette spirale négative. Sur le marché, les nouveaux entrants des amateurs comme moi revendent en masse leurs positions. Ils savent qu'ils font une solide moins-value, mais ils ont peur de perdre encore plus.

Pris de panique, les investisseurs vendent encore et encore, tirant les prix vers le bas. C'est ce qu'on appelle le *panic sell**. Et je suis tout proche d'y céder.

En pratique, comment ça marche ?

Comme la bourse, le marché des cryptos n'est pas un long fleuve tranquille. Mais dans ce secteur non régulé, les variations de cours sont extrêmement brutales. Après des phases fortement haussières, les investisseurs amateurs peuvent facilement être emportés par une décrue brutale. Quand on démarre dans ce genre d'environnement instable, le stress et l'appât du gain peuvent amener à prendre de mauvaises décisions. Voici quelques conseils qui vous seront utiles.

A. Ne misez pas plus que ce que vous pouvez perdre.

C'est la règle numéro un, serinée par tous les observateurs et acteurs du marché des cryptos. Le secteur est jeune, immature, instable, peu fiable et extrêmement risqué. Personne ne peut vous garantir que les cryptomonnaies existeront encore dans trois ans ni même dans trois mois, ni qu'elles auront encore la moindre valeur demain matin. Des problèmes importants de cybersécurité (chapitre 5) et de véritables arnaques (chapitre 14) menacent également vos placements.

En clair : vous pouvez perdre à tout moment l'intégralité de votre mise ! Si vous prenez la décision à vos risques et périls – d'investir dans les cryptoactifs, n'y consacrez qu'une partie de votre argent, que vous êtes prêt à perdre même si cela ne vous ferait évidemment pas plaisir.

B. Gardez la tête froide.

Facile à dire, me direz-vous. C'est pourtant une condition *sine qua non* pour espérer durer un tant soit peu dans cet environnement particulièrement chahuté. Comme vous l'aurez constaté dans mon récit, le stress, l'inquiétude et même la panique sont souvent au rendez-vous. Évitez, comme je l'ai fait, de contrôler toutes les deux minutes l'écran de votre smartphone. Tentez de dormir la nuit. Et gardez en tête le premier conseil, pour ne pas vous retrouver dans une situation financière délicate.

c. Choisissez une stratégie d'investissement.

Il existe autant de stratégies possibles que d'individus. Mais si l'on veut schématiser, on peut diviser les options en deux catégories : jouer le long terme (HODL*) ou le court terme (*day trading**).

Les adeptes « historiques » du bitcoin ne jurent que par la première stratégie. HODL*. Cette stratégie consiste à veiller jalousement sur ses bitcoins, comme on conserverait un grand cru au frais jusqu'au jour où il atteindra sa pleine maturité. Attention cependant à ne pas attendre trop longtemps pour éviter le désagréable goût de bouchon.

Ceux qui ont investi aux premiers jours de la cryptomonnaie et ont gardé leurs positions pendant plusieurs années sont plutôt satisfaits de leur décision. En janvier 2019, le cours du bitcoin tournait autour des 3 000 euros. C'est loin de son pic rencontré à 16 000 euros en décembre 2017, mais c'est toujours largement plus haut qu'à ses débuts. En 2010, un bitcoin valait une petite fraction d'euro. Cette année-là, les deux premières pizzas achetées en bitcoins ont coûté 10 000 BTC à un certain Laszlo Hanyecz. S'il avait conservé ses bitcoins, ce précurseur serait à la tête d'une fortune équivalant à 30 millions d'euros (valeur fixée en janvier 2019).

Si vous êtes plus aventureux, vous pouvez vous risquer sur une stratégie à court terme. Le jeu consiste alors à repérer de petites variations de cours pour acheter des monnaies prometteuses et les revendre dès qu'elles font une plus-value. Les plateformes d'échange peuvent vous aider à réaliser ces opérations. Elles peuvent vous alerter lorsqu'une monnaie atteint une certaine valeur. Vous pouvez même les configurer pour placer des ordres automatiques d'achat ou de vente à un certain montant.

Les plus adroits des crypto-investisseurs pratiquent le *day trading**. Ils surveillent en permanence l'évolution des cours pour ne pas louper une opportunité. Attention : cette activité, qui n'offre aucune garantie de réussite, peut s'avérer extrêmement chronophage et désocialisante.

Rien ne vous empêche évidemment de panacher les deux stratégies et de les appliquer à des cryptomonnaies différentes, dans l'optique une nouvelle fois de mieux répartir les risques.

D. N'écoutez pas les rumeurs.

Au cours de mon expérience, j'ai été confronté à quantité de rumeurs, qui se sont toutes révélées totalement infondées.

Régulièrement, des bruits courent sur les forums spécialisés, sur les sites d'information dédiés ou sur les comptes Twitter des crypto-influenceurs. Ils annoncent de grands événements à date fixe, qui sont censés influencer, à la hausse ou à la baisse, le marché du bitcoin et de ses dérivés.

On m'a ainsi promis que le cours du bitcoin allait flamber à l'occasion du Nouvel An chinois. La rumeur veut qu'entraînés par la folie de la fête, les Chinois placent chaque année leur argent dans des produits prometteurs. En 2018, forcément, ces produits prometteurs ne pouvaient être que les cryptomonnaies. Explosion de la classe moyenne chinoise oblige, les volumes échangés allaient être massifs. Or, qui dit gros volumes d'échange dit explosion du cours du bitcoin. CQFD.

J'ai attendu, mais je n'ai rien vu.

Même chose avec les gigantesques bonus que les *traders* de Wall Street reçoivent chaque année à date fixe, et qu'ils allaient cette fois investir dans le nouveau placement à la mode : le bitcoin, déclenchant une flambée de sa valeur.

Loupé, rien ne s'est passé.

J'ai aussi attendu avec fébrilité des réunions du G20, censées déboucher sur un appel à une régulation plus stricte (pas bon) ou au contraire un blanc-seing offert au marché des cryptomonnaies (très bon).

Je n'ai toutefois constaté aucun impact majeur sur les courbes du bitcoin.

Les oracles et autres spécialistes de la divination sont extrêmement nombreux à donner leur avis sur l'évolution future du cours des cryptomonnaies. Ils sont rarement très inspirés.

Passez votre chemin et forgez-vous votre propre opinion.

E. Évitez les crypto-influenceurs.

Une pratique, bien réelle celle-là, a cependant une véritable influence sur le cours des cryptomonnaies. Certains petits malins se sont spécialisés dans ce que l'on appelle le « *pump & dump** ».

Cette pratique, qui vise à faire flamber artificiellement le cours d'une cryptomonnaie afin d'empocher une rapide plus-value, s'apparente à de la manipulation de cours. Sauf que, vous l'aurez compris, ce qui est interdit en bourse est pratiqué sans vergogne sur le marché non régulé de la crypto.

Certaines figures de la crypto sont ainsi devenues de véritables influenceurs. À la manière des conseillers *fashion* ou *make-up* sur Instagram, qui dictent les nouvelles modes, les cryptoconseillers sont capables de mobiliser une forte communauté d'investisseurs sur les placements les plus tendance. Si un groupe suffisamment large d'acheteurs se met d'accord pour acheter simultanément une cryptomonnaie déterminée (cela peut être un *shit coin**, peu importe), cela suffit pour déclencher artificiellement une hausse du cours. Reste alors aux petits malins à revendre rapidement leur fraîche acquisition. Avec bénéfices.

Le controversé John McAfee, entrepreneur à succès et fondateur du célèbre antivirus McAfee, s'est spécialisé pendant un moment dans cette technique. Avec plus de 900 000 abonnés sur Twitter, il est à la tête d'une belle communauté de groupies. Et il en profite allègrement.

Quantité de groupes se créent régulièrement, notamment sur Telegram, pour tenter d'appliquer cette méthode peu recommandable. Si certains sont capables de réussir leur coup, d'autres échouent lamentablement et laissent leurs « fans » avec des monnaies virtuelles ne valant plus rien, et donc totalement invendables.

En tout état de cause, nous vous déconseillons d'utiliser cette technique et de rejoindre ces groupes pratiquant le *pump & dump*.

Chapitre 4.

Les plateformes d'échange, ces étranges intermédiaires

Coinbase me rend de précieux services. Elle me permet d'être connecté en permanence à mon portefeuille de cryptomonnaies. Dès que j'ouvre l'application, le premier chiffre que je vois est l'équivalent en euros de la somme totale des cryptomonnaies que j'ai en ma possession. C'est pratique et addictif à la fois. C'est aussi très angoissant (chapitre 3).

Mais les désavantages de Coinbase commencent tout doucement à me sauter aux yeux. Tout d'abord, le cours du bitcoin n'y est pas le plus avantageux. Je pensais naïvement que le bitcoin avait un cours « officiel ». J'avais oublié au passage que personne ne contrôle cette monnaie décentralisée.

Chaque plateforme fixe son propre cours, en fonction de l'état du marché. Un petit tour sur le site de référence CoinMarketCap permet de constater les écarts parfois substantiels de valeur des cryptomonnaies, selon la plateforme sur laquelle elles sont renseignées. S'il compare le cours du bitcoin en vigueur sur Coinbase à celui proposé par d'autres acteurs, l'investisseur a parfois l'impression de se faire joyeusement léser.

Je me rends également compte que Coinbase se rémunère plutôt grassement en frais de transaction. À chaque opération, je perds quelques pourcents du montant déboursé au profit de la plateforme, des mineurs et des différents intermédiaires de paiement (chapitre 7). Les autres acteurs du marché sont-ils moins gourmands ?

Sur les forums que je fréquente de plus en plus assidûment, on me recommande de délaisser la Coinbase pour entrer dans la cour des grands. Je me rends chez Anis, un crypto-enthousiaste liégeois, qui est prêt à m'initier aux subtilités du *trading*.

Après m'avoir montré son installation de minage de bitcoin (chapitre 12), il s'embarque dans un cours improvisé sur les fonctionnalités de la plateforme d'échange Cryptopia. Il me parle de paires, de *stop/loss**, d'ordres automatiques de vente, de nems et de BTC. Étourdi par tant d'informations, je tente de me focaliser sur l'essentiel : comment acheter des cryptomonnaies sur cet étrange site basé en Nouvelle-Zélande qui comptait aux dernières nouvelles 2 millions d'utilisateurs ? Après une série de démonstrations pratiques de mon aimable professeur, je pense avoir eu mon compte. De retour chez moi, je teste l'affaire et c'est un succès, je repars avec 226 nems dans ma besace.

Mais je ne m'arrête pas en si bon chemin.

Mes compagnons du club des « Rich Motherfuckers » se sont eux aussi pris de passion pour les cryptomonnaies alternatives, ces *altcoins** aux étranges dénominations exotiques (VEN, TRON, REddCoin, VeChain, nuls). Pour faire leurs emplettes, mes guides sont très friands de la plateforme chinoise Binance.

Le site internet (à l'époque, Binance n'a pas encore développé d'application mobile) me semble autrement plus complexe que celui de Coinbase. Je découvre des listes interminables d'abréviations en tous genres, qui clignotent en rouge ou en vert en fonction de l'évolution de leur cours. Binance liste des centaines de cryptomonnaies. C'est le supermarché de la monnaie virtuelle. Et je compte bien en parcourir tous les rayons.

En pratique, comment ça marche ?

Comme nous l'avons vu, le bitcoin repose sur le principe de la décentralisation et des échanges *peer-to-peer*. Par la magie d'Internet, un acheteur de bitcoins devrait donc théoriquement pouvoir se mettre en contact avec un vendeur de bitcoins, sans passer par un intermédiaire pour organiser cette transaction. Mais ce n'est actuellement pas réalisable : « Organiser un échange de bitcoin contre des euros, de manière complètement décentralisée, n'est aujourd'hui pas possible. Des échanges crypto contre crypto de manière décentralisée sont par contre tout à fait réalisables. On appelle ça des atomic swaps », détaille Jean Wallemacq, ancien président de la Belgian Bitcoin Association (2013-2018).

Pour faciliter les échanges, des plateformes intermédiaires se sont progressivement mises en place. On les appelle les *exchanges**. Pour les puristes du bitcoin, elles représentent presque une anomalie dans le paysage des cryptomonnaies. Le fondement même du bitcoin est en effet de contourner les intermédiaires classiques que sont les banques, pour connecter les individus directement entre eux.

Mais, comme dans le secteur de la musique en ligne, où des plateformes intermédiaires de type Napster (illégale) puis Spotify (légale) sont apparues, le secteur crypto voit se développer des plateformes intermédiaires qui connectent acheteurs et vendeurs. Le monde décentralisé du bitcoin fonctionne aujourd'hui essentiellement grâce à ces intermédiaires de paiement d'un nouveau genre, devenus totalement incontournables.

¬ Comment choisir sa plateforme ?

Le site de référence CoinMarketCap recense plus de 200 plateformes d'échange. Mais elles sont en réalité plus nombreuses. Une plateforme belge (Bit4You) a même récemment fait son entrée dans le paysage crypto. Au moment de son lancement, ce nouvel acteur local était très heureux de pouvoir bénéficier du soutien du ministre Alexander De Croo, en charge de l'agenda digital.

Toutes les plateformes ne se valent pas. Certaines sont peu sécurisées et se sont fait pirater (chapitre 5). D'autres sont carrément des officines douteuses, qui ne sont apparues en ligne que pour détrousser les moins méfiants d'entre nous. Tant la FSMA, le gendarme belge du secteur financier, que l'AMF, son équivalent français, mettent régulièrement à jour une liste de sites Internet liés aux placements en cryptomonnaies dont il vaut mieux se méfier.

A. Privilégiez les plateformes les plus connues.

De grands acteurs de la cryptomonnaie commencent à s'imposer. Ils cherchent à rafler la plus grande part possible des échanges de cryptomonnaies. Ces sites se rémunèrent grâce à des commissions ponctionnées sur les opérations réalisées par leurs utilisateurs.

La plateforme la plus connue est l'américaine Coinbase, qui aime se décrire comme le « Google de la crypto ». Elle est bien positionnée pour réussir son pari. Coinbase a déjà levé la bagatelle de 517 millions de dollars (!) auprès de fonds d'investissement prestigieux comme Tiger Global Management (Spotify, Flipkart) et Andreessen Horowitz (Airbnb, Facebook, Skype...). Fin octobre 2017, elle était valorisée à 8 milliards de dollars ! Son objectif : devenir incontournable sur le marché naissant de la crypto.

L'avantage d'une telle plateforme est qu'elle est scrutée de près par les régulateurs financiers américains. Le désavantage, c'est que sa position dominante lui permet de pratiquer des frais de transaction plus élevés que la moyenne.

L'autre mastodonte du secteur est la chinoise Binance, une plateforme qui offre un panel de cryptomonnaies beaucoup plus étendu que Coinbase. Créée en juillet 2017, Binance revendiquait un an plus tard pas moins d'un milliard d'opérations par jour.

B. Privilégiez les plateformes les plus actives.

Certaines plateformes sont plutôt confidentielles et ne renseignent qu'un faible nombre d'opérations. Cela ne veut pas forcément dire qu'elles ne sont pas fiables. Mais le *business model* des *exchanges** repose sur le volume d'opérations qu'elles traitent. Une faible activité implique de faibles revenus, ce qui peut jeter le doute sur leur capacité à fournir les investissements nécessaires pour assurer un bon fonctionnement de la plateforme, notamment en termes de sécurité. Rappelez-vous que les piratages sont relativement fréquents, ce qui signifie que les devises que vous stockez sur ces plateformes peuvent être dérobées par des *hackers*.

Un bémol cependant : une grande plateforme établie n'est pas forcément à l'abri des problèmes, surtout en cas de pic soudain d'activité. En décembre 2017, Coinbase s'est retrouvée dans l'incapacité de traiter toutes les demandes dans un délai raisonnable. De nombreux investisseurs désireux de récupérer leur mise ont dû attendre plusieurs jours avant de toucher leur argent. Plutôt angoissant.

C. Privilégiez les plateformes locales.

C'est un conseil souvent répété par Jean Wallemacq, ancien président de la Belgian Bitcoin Association (2013-2018). Des plateformes comme Coinhouse (France), Bit4You (Belgique),

AnycoinDirect (Pays-Bas), Paymium (France) ou Bitstamp (Luxembourg) offrent l'avantage d'avoir une équipe basée en Europe, ce qui permet, en théorie du moins, d'espérer avoir plus facilement une réponse ou une réaction en cas de problème.

Je n'ai heureusement pas été victime d'un piratage ni eu à déplorer le moindre souci au niveau du service fourni par les plateformes que j'ai utilisées. Je ne peux donc pas confirmer que ces plateformes européennes sont plus réactives ou fiables que les autres.

D. Multipliez les plateformes pour diluer le risque.

Le secteur des crypto-investissements ne fait pas (encore ?) l'objet d'une régulation en bonne et due forme. Les règles classiques qui s'appliquent dans le secteur financier ne sont pas en vigueur dans le monde du bitcoin. Pour faire simple : une cryptomonnaie n'est pas un actif financier « classique », comme une action, par exemple. Cela ne signifie pas que les plateformes peuvent faire n'importe quoi avec vos placements. Elles sont par exemple soumises aux règles classiques de protection du consommateur, qui ne peut pas être floué. Mais des notions comme le délit d'initié ne s'appliquent pas en tant que telles.

Fin 2017, la plateforme Coinbase, encore elle, a été au centre d'une controverse quand elle a décidé d'ajouter le bitcoin cash (BCH) un dérivé et concurrent du bitcoin à la liste des monnaies que ses utilisateurs peuvent se procurer. Dans le cas d'une plateforme aussi importante que Coinbase, l'introduction d'une nouvelle monnaie est un événement majeur qui stimule la demande pour la monnaie en question et tire les prix vers le haut.

Préalablement à l'introduction de cette nouvelle monnaie chez Coinbase, des mouvements étonnants ont été constatés autour du bitcoin cash. En clair : des employés informés de

Coinbase ont été soupçonnés d'avoir acheté du bitcoin cash avant son introduction sur la plateforme afin de spéculer sur une hausse de son cours. Une sorte de délit d'initié. Sauf que le délit d'initié n'existe pas sur la planète crypto. Une *class action* a été lancée par des investisseurs qui se sentent floués par ces « pratiques », mais son issue est forcément incertaine.

Tout cela pour dire que les investisseurs lambda ne sont pas à l'abri des manipulations de cours. Restez sur vos gardes.

E. Surveillez les cours.

Chaque plateforme fixe ses propres cours. Coinbase, qui bénéficie d'une très large base d'utilisateurs et qui continue de séduire la plupart des investisseurs débutants, n'affiche pas les meilleurs taux de change. Pour connaître les cours pratiqués par les différentes plateformes, vous pouvez vous rendre sur le site CoinMarketCap, qui peut servir de comparateur.

Comparez les frais de transaction. Ceux-ci dépendent de différents facteurs : monnaie échangée, frais de minage, moyen de paiement, etc. (chapitre 7). La plateforme choisie joue aussi son rôle. Chaque plateforme pratique par ailleurs des frais plus ou moins élevés en fonction de la rapidité avec laquelle vous souhaitez obtenir vos cryptomonnaies.

Rappelez-vous cependant que le marché des cryptos est un marché non régulé. Les plateformes n'ont pas énormément d'exigences à respecter en termes de transparence de ces fameux frais de transaction. Il n'est donc pas toujours évident d'avoir une vue claire et exhaustive des frais qui s'appliqueront à vos opérations.

Pour attirer de nouveaux clients et pour conserver leurs clients existants, les plateformes font régulièrement des opérations promotionnelles, au cours desquelles elles font des rabais sur les frais de transaction. J'ai pu en profiter sur la plateforme Kraken, un site assez vintage très utilisé mais qui péchait à l'époque par un manque criant de fiabilité. Les frais de transaction « offerts » pendant un mois visaient surtout à faire oublier les innombrables *bugs* de la plateforme qui ont fait fuir ses utilisateurs. Pas très rassurant.

La plateforme chinoise Binance a opté pour un autre système. Elle offre une réduction sur les frais de transaction aux utilisateurs qui achètent le cryptoactif de la maison, le binance coin ou BNB – à ne pas confondre avec le parodique mais bien réel BNB* (Boats & Bitches).

Signalons enfin la plateforme Robinhood, plus récente, et que nous n'avons pas testée. Celle-ci a la particularité de proposer des transactions sans frais. Active sur le marché classique des actions, où elle touche des commissions, Robinhood se présente comme une plateforme qui veut contribuer à populariser le *trading* de cryptomonnaies. À suivre.

¬ Comment créer un bon mix de cryptomonnaies ?

L'objectif est de vous constituer un portefeuille varié de cryptomonnaies. Cela devrait vous permettre de répartir vos risques entre différentes monnaies virtuelles. Gardez cependant à l'esprit que le bitcoin a une influence déterminante sur le reste du marché. S'il plonge, les *altcoins** plongent également, parfois dans des proportions plus importantes.

Cela ne doit pas vous empêcher de tenter de constituer un portefeuille équilibré. Personnellement, j'ai choisi, après consultation de plusieurs conseillers plus expérimentés, de me constituer le cocktail suivant : 40 % de bitcoin (BTC), 20 % d'ether (ETH), 10 % de litecoins (LTC) et 30 % d'*altcoins* réputées (XRP, ICX, NEO, XLM) à plus exotiques (XEM, ENJ, AST).

A priori, le bitcoin et les monnaies les plus capitalisées sont censés être plus « stables » que les autres. Les monnaies plus exotiques (qui sont parfois des *shit coins**) sont plus risquées, mais peuvent procurer des rendements plus élevés. Tout cela reste bien sûr assez relatif vu la volatilité extrême du marché des cryptomonnaies.

Chapitre 5.

Mettre ses bitcoins à l'abri des *hackers*

Trois semaines après mon premier investissement, la plus grande cyberattaque jamais enregistrée dans le monde des cryptomonnaies touche la plateforme japonaise Coincheck. L'équivalent de 426 millions d'euros se volatilise en quelques secondes !

Je vous ai expliqué comment j'ai tenté de profiter sans succès – de cette situation en achetant du nem (chapitre 2).

Ce n'est ni la première ni la dernière attaque sur le marché des cryptomonnaies. Le secteur semble particulièrement intéresser les *hackers*. En 2014, Mt.Gox voit 650 000 bitcoins disparaître de son coffre-fort. En 2016, ce sont 120 000 bitcoins qui sont subtilisés sur Bitfinex, une plateforme qui sera encore perturbée par des pirates en 2018, la forçant à suspendre les échanges pendant plusieurs heures[3]. Fin 2017, la plateforme sud-coréenne YoBit perd la moitié de ses actifs suite à deux cyberattaques de grande ampleur.

Tout cela ne me dit rien qui vaille. Si les plateformes sur lesquelles je stocke mes monnaies virtuelles font l'objet d'une attaque, je pourrais tout perdre. La première précaution que j'ai prise est de répartir mes placements sur différentes plateformes. Si l'une d'entre elles tombe, il me restera mes autres investissements.

Mais cela ne suffit pas.

En me renseignant auprès des *traders* expérimentés, j'apprends l'existence de systèmes de protection créés spécifiquement pour mettre ses cryptomonnaies à l'abri des cyberbraqueurs. Le maillon faible de la chaîne, ce sont les plateformes d'échange. Elles sont utiles pour réaliser des opérations d'achat et de vente, mais je ne dois pas y laisser mes précieuses devises.

---

3 En avril 2019, la justice américaine a entamé des poursuites pour fraude contre Bitfinex, qui est soupçonnée d'avoir caché ses pertes à ses clients.

Mon choix se porte sur un Ledger. L'objet ressemble à une clé USB équipée d'un miniécran semblable à celui d'une calculatrice. Au moment où je me décide à commander mon Ledger Nano à la société française qui le produit, je constate qu'il est en rupture de stock et qu'il me faudra plusieurs semaines pour me le procurer. Je ne suis pas le seul à vouloir protéger mes cryptos ! Heureusement, mon ami Tom, qui a prudemment décidé de se retirer du marché, me cède le sien.

Le petit objet métallisé m'accompagne désormais partout. Je l'accroche à mon porte-clés comme un talisman. C'est grâce à lui que je vais pouvoir dormir sur mes deux oreilles.

Je me lance dans la configuration de cet étonnant système de sécurité, qui ne paie vraiment pas de mine. Première étape : sauvegarder un code de sécurité composé de 24 mots. La notice me conseille de ne surtout pas les ranger dans un fichier numérique, même caché au fin fond de mon ordinateur, ni de l'enregistrer sur un système de stockage en ligne de type Dropbox. J'inscris cette longue suite incohérente de mots sur un petit papier que je glisse à la page 21 d'un livre dont je ne révélerai pas le titre, et que je cache dans un endroit secret connu de moi seul. Si jamais je dois réinitialiser ma clé Ledger ou si je la perds, je pourrai me servir de mes codes couchés sur papier pour récupérer mes cryptodevises.

Six mois plus tard, lors d'une vaste opération de rangement, je manque de vendre le fameux livre qui contient mes codes de réinitialisation. Mais c'est une autre histoire.

Après cette première phase, je passe à la sécurisation proprement dite de mes bitcoins et autres cryptoactifs. Je branche ma clé sur mon PC, télécharge les logiciels *ad hoc* et procède au transfert de fonds. Le stress monte quand je constate que mes cryptomonnaies ont disparu de Coinbase, Binance et Kraken. Par contre, je n'ai pas l'impression qu'elles sont arrivées sur ma fameuse clé USB. « T'as perdu 1000 balles ? », me lance mon collègue Fred, goguenard. Je lui assure que non. Mais je ne suis pas rassuré.

Je comprendrai plus tard que le Ledger ne sert qu'à sécuriser l'accès à mes cryptomonnaies. Celles-ci ne sont pas stockées physiquement sur le Ledger, comme un iPod stocke des fichiers musicaux. Le Ledger stocke uniquement les clés privées (sortes de codes de sécurité) qui me permettent d'accéder à mes cryptomonnaies, dont les mouvements sont « imprimés » sur la *blockchain**, ce grand registre numérique décentralisé.

Ce processus relativement complexe de sécurisation de mes cryptomonnaies me donne des sueurs froides. Je suis finalement rassuré quelques heures plus tard, quand j'obtiens la confirmation que mes fonds sont bien arrivés à destination. Me voilà à l'abri des *hackers*.

En pratique, comment ça marche ?

Le monde des cryptomonnaies, ce n'est pas le royaume des Bisounours. Comme à beaucoup d'endroits obscurs de la toile, les pirates rodent. Ils seront ravis de vous soulager de l'ensemble vos cryptopossessions. Pour s'en prémunir, il est important de mettre vos bitcoins en lieu sûr.

¬ Les plateformes d'échange sont-elles fiables ?

Pas toujours, malheureusement. Deux problèmes principaux peuvent apparaître :

1. **Les délais.** Le premier problème concerne l'infrastructure technique de ces plateformes. En période de grosse affluence, certaines d'entre elles ont du mal à répondre à la demande. Fin 2017, lorsque le cours du bitcoin a flambé de façon spectaculaire, les nouveaux utilisateurs en grande partie des investisseurs débutants – ont débarqué en masse. La plateforme chinoise Binance a constaté un pic de 240 000 nouveaux inscrits en une heure ! Coinbase, qui était devenue l'application la plus téléchargée sur l'App Store, a également été submergée.

   Au plus fort de ce rush sans précédent, certaines plateformes comme AnycoinDirect ou Binance ont suspendu les nouvelles inscriptions pendant plusieurs jours, pour pouvoir faire face à cette demande inédite. Du côté de Coinbase, des retards ont été constatés dans les transactions. Certains utilisateurs qui voulaient toucher leurs gains en euros ont dû attendre plus d'une semaine avant de les voir enfin apparaître sur leur compte. Inquiétant.

2. **Les pirates.** Le deuxième risque concerne les failles de sécurité qui sont apparues sur certaines plateformes. Comme vous avez pu le constater dans mon récit, les cyberattaques visant des plateformes d'échange de cryptomonnaies sont relativement fréquentes. En cas de cybercasse visant la plateforme sur laquelle sont stockées vos cryptomonnaies, vous risquez tout simplement de tout perdre.

   Les bitcoins « évaporés » de la plateforme japonaise Mt.Gox en 2014 sont actuellement remboursés au compte-gouttes aux victimes. J'ai rencontré un de ces investisseurs lésés, qui participe à la *class action* contre les anciens dirigeants de Mt.Gox. Ce Belge qui a plongé très tôt dans le bitcoin espère bien récupérer ses avoirs. Le problème, c'est qu'il risque quand même d'acter une fameuse perte. En effet, les 70 bitcoins qu'il a perdus dans l'affaire lui seront remboursés en monnaie fiat* au cours de l'époque. Autant dire que la belle plus-value qu'il aurait pu revendiquer s'est elle aussi évaporée.

   Les victimes d'autres cyberattaques attendent toujours... ou ont tout simplement fait une croix sur leur magot.

NOTRE CONSEIL :

Ne stockez pas vos cryptos sur les exchanges.
Les plateformes d'échange, comme leur nom l'indique, servent à acheter et vendre des cryptomonnaies. Ce ne sont pas des banques.

Par facilité, beaucoup d'investisseurs stockent néanmoins leurs avoirs sur ces plateformes. Cela leur permet d'être plus réactifs lorsqu'ils souhaitent réaliser des opérations d'achat ou de vente.

Il faut cependant savoir que lorsque vous stockez vos cryptomonnaies sur une plateforme, vous confiez à cette plateforme vos clés privées. Ces clés cryptographiques sont des codes d'accès qui servent à accéder à vos cryptomonnaies. Elles ne sont rien d'autre qu'une suite complexe de lettres et de chiffres, qui pourrait ressembler à ceci :

A2FghJ4Ty9FDd6Fgpzd8XfaQ2feeamlOpJ23carRaddew05XnkieK.

Si un pirate parvient à pénétrer dans les serveurs de la plateforme, il peut accéder à vos clés privées et dès lors virer vos cryptomonnaies sur son propre portefeuille.

Nous vous conseillons donc d'éviter si possible de conserver vos monnaies virtuelles sur ces plateformes en ligne. Dès que vous avez réalisé une opération, l'idéal est de sortir vos actifs de la plateforme et de les mettre à l'abri avec un système de sécurité *ad hoc* (lire plus loin).

Si vous réalisez beaucoup d'opérations, vous serez tenté de conserver une certaine quantité d'euros (pour acheter les monnaies les plus courantes) et de bitcoins, voire d'ethers (pour acheter des monnaies alternatives). Dans ce cas, ne laissez sur votre portefeuille en ligne que le strict minimum. Veillez aussi à disséminer vos possessions sur plusieurs plateformes. Si l'une d'entre elles est touchée par une attaque, vous n'aurez pas tout perdu.

¬ Le cas particulier de Coinbase

La plateforme américaine a un *business model* différent des autres. Coinbase veut devenir le « Google de la crypto » et s'en donne les moyens. Sa dernière levée de fonds (plus de 300 millions de dollars) laisse pantois. Fin octobre 2018, l'entreprise était valorisée à plus de 8 milliards de dollars.

Contrairement à ses concurrents, Coinbase ne se présente pas comme un « simple » *exchange**. L'entreprise propose aussi à ses utilisateurs de jouer le rôle d'un véritable portefeuille en ligne. Elle se propose de stocker vos bitcoins.

Coinbase s'attend donc à ce que ses quelque 20 millions d'utilisateurs dont une proportion importante d'investisseurs amateurs lui confient leurs avoirs. Pour ne pas les décevoir, Coinbase se doit d'investir dans la sécurité informatique. Une attaque majeure de la plateforme débouchant sur la disparition d'une grosse quantité d'actifs serait une catastrophe pour ce géant du secteur, qui veut démontrer qu'il peut devenir un acteur crédible dans le monde des cryptomonnaies. Pour éviter ce genre d'événement, Coinbase investit massivement dans la cyberdéfense de ses infrastructures.

Le magazine américain *Wired* a enquêté sur les dispositifs de sécurité mis en place par la société. Ils sont assez étonnants. Coinbase sécurise une partie des clés privées de ses utilisateurs grâce à un système informatique totalement coupé d'Internet et isolé du monde par une tente formant une cage de Faraday, la mettant à l'abri des ondes électromagnétiques.

Sous cette tente, un premier ordinateur stocke les clés cryptographiques des clients de Coinbase, puis les envoie à un deuxième ordinateur chargé de les imprimer. Le premier ordinateur est ensuite détruit et les feuilles imprimées sont acheminées dans un bon vieux coffre-fort. À chaque opération d'impression, la tente change de localisation.

Ce procédé ne constitue sans doute pas l'unique système de protection de Coinbase contre les cyberattaques. D'autres techniques existent, et chaque plateforme a ses propres protocoles. Les clés privées peuvent notamment être découpées en petits morceaux répartis sur des ordinateurs ou des documents disséminés à plusieurs endroits. Pour reconstituer les clés, il faut alors croiser les informations, ce qui complique la tâche des *hackers*.

C'est certain, les plateformes d'échange investissent dans la cybersécurité. Mais les *hackers* les plus perfectionnés continueront à trouver des failles.

NOTRE CONSEIL :

Faites l'acquisition d'un système de sécurité.
Il existe plusieurs systèmes permettant de sécuriser les clés privées de vos cryptomonnaies. Nous en retiendrons deux :

1. **Les portefeuilles en ligne.** De nombreux sites Internet vous proposent de protéger vos cryptomonnaies. Ils s'occupent de stocker vos clés privées en ligne, et vous accédez à votre espace via un système de mots de passe classique. Il existe tellement de plateformes de ce genre qu'il est très difficile d'en identifier l'une ou l'autre. Aucun acteur réellement dominant n'a encore émergé sur ce créneau. Comme dans le cas d'une plateforme d'échange, le portefeuille sécurisé détient vos clés privées. Si un pirate parvient à mettre la main dessus, vos bitcoins auront disparu.

2. **Les portefeuilles physiques.** Ce système a l'avantage de stocker vos clés privées hors de l'environnement Internet. Vous ne les sortez que lorsque vous réalisez des opérations en ligne. Deux concurrents dominent actuellement le marché : le français Ledger (qui a vendu plus d'un million de ses solutions en 2017) et le tchèque Trezor. Tous deux proposent un petit appareil électronique qui coûte une centaine d'euros : une sorte de clé USB pour le Nano S de Ledger et un petit boîtier pour le Trezor. Attention : ces systèmes ne fonctionnent pas avec toutes les cryptomonnaies. Les logiciels de ces acteurs incontournables intègrent néanmoins de plus en plus de devises : plus de 500 pour Trezor et plus de 700 pour Ledger.

Chapitre 6.

La communauté des accros de la cryptomonnaie

La communauté belge du bitcoin est multiforme, discrète et très disparate. Ce qui rassemble tous les *aficionados* de la cryptomonnaie, ce sont leurs moyens de communication. Véritables *geeks*, ces *digital natives* ne jurent que par les réseaux sociaux, les messageries et les forums spécialisés. Quand je lance officiellement mon expérience, il me faut peu de temps pour entrer en contact avec ces passionnés du bitcoin. Ils repèrent bien vite mes premières démarches, et s'amusent de mes premiers échecs.

Je me fais gentiment chambrer. Mais je suis aussi invité à rejoindre les forums de discussion spécialisés qui parlent bitcoin à longueur de journée. Sur la plateforme de communication Slack, je découvre une multitude de groupes dédiés à tous les sujets liés aux cryptomonnaies. FUD*, FOMO*, *mining**, *tokens**, ICO*...Ça jargonne sec. Il me faudra quelques semaines et l'aide de quelques experts prêts à me servir de traducteur pour comprendre de quoi parlent ces fondus du bitcoin.

Une chose les rassemble : leur fascination pour les cryptomonnaies. Dans le chef de certains adeptes, on pourrait presque parler de dévotion. Sur les fils de discussion, tous les articles parus dans la presse généraliste au sujet du bitcoin et de ses dérivés sont analysés, triturés, disséqués. Souvent, ils sont aussi méthodiquement démolis. Les médias sont régulièrement accusés par la communauté crypto de véhiculer des idées fausses sur le bitcoin.

Les adorateurs du bitcoin rejettent en fait la plupart des critiques formulées contre les cryptomonnaies. Non, le bitcoin n'est pas une catastrophe écologique. Non, ce n'est pas un repaire de mafieux, de proxénètes et de trafiquants de drogue. Non, toutes les monnaies alternatives ne sont pas des *shit coins*. Non, toutes les ICO ne reposent pas sur du sable (chapitre 13). Non, non, non.

Pour ces fans de la première heure, le bitcoin représente une sorte d'utopie technologique, une révolution numérique portée par les promesses incroyables de la *blockchain**. Mais surtout, c'est une nouvelle façon de voir le monde, guidée par une sorte d'idéal un brin anarchiste consubstantiel à la décentralisation des échanges. Grâce au bitcoin, plus besoin des banques. Plus besoin des régulateurs. Plus besoin des États. Le pouvoir au cryptopeuple !

Tous les défenseurs du bitcoin ne sont pas des anarcho-révolutionnaires. Mais la plupart d'entre eux rêvent d'une nouvelle forme d'organisation, où les humains échangent entre eux de façon beaucoup plus directe, en *peer-to-peer*, sans que l'on ait besoin de ces lourdes structures qui appartiendraient au passé.

C'est cette philosophie qui explique l'animosité de la communauté du bitcoin par rapport au secteur bancaire. Selon les cryptofans, nous devons nous passer totalement de ces institutions obsolètes qui sont à l'origine de la dernière crise financière. Toute déclaration critique à l'égard du dieu bitcoin émanant d'un banquier, d'un régulateur, d'un politicien ou d'un économiste est lue sous ce prisme un peu biaisé.

Lors d'une réunion du Café numérique[4] à Liège consacrée au bitcoin, je constate le décalage de perception entre la communauté crypto, très présente ce soir-là, et le discours rationnel de Georges Hübner. Lorsqu'il dégaine son *slide* comparant l'évolution du cours du bitcoin à la crise des tulipes aux Pays-Bas[5], une véritable consternation s'empare d'une partie de l'assemblée, qui n'accordera par la suite plus aucun crédit à la présentation de l'économiste.

Pour la communauté crypto, si les « institutions » critiquent le bitcoin, c'est parce qu'elles en ont peur. C'est parce qu'elles

---

4 Une association qui organise des événements et des conférences consacrés au numérique.

5 Aux Pays-Bas, au XVIIe siècle, une bulle spéculative s'est formée autour d'un actif bien particulier : les bulbes de tulipe. Leur valeur a augmenté de façon exponentielle et irrationnelle, avant de plonger irrémédiablement.

savent qu'elles seront balayées par cette nouvelle technologie qui, demain, pourrait remplacer tous les moyens de paiement que nous connaissons.

En découvrant ces cercles un peu *underground*, je me sens quand même grisé par les révélations de mes nouveaux amis. Je participerais donc à une forme de révolution planétaire 3.0 ? Aurais-je été admis dans une caste de *geeks* visionnaires prêts à chambouler notre équilibre économique et financier ?

Je reviens vite sur terre quand je constate que la valeur de mes deniers virtuels continue de plonger. Ma cryptorévolution est en train de tourner au fiasco.

En pratique, comment ça marche ?

Le bitcoin sent-il le soufre ?

Aucune régulation n'existe encore en Belgique dans le domaine. Les banques et les institutions financières sont très méfiantes et distantes par rapport à ce nouvel actif indéfinissable et indomptable. La FSMA, le gendarme du secteur financier, rappelle régulièrement aux investisseurs en cryptomonnaies qu'ils prennent des risques importants en se rendant sur des plateformes d'échange douteuses pour acheter des produits numériques qui n'ont aucune valeur avérée. Dans sa mission de protection des consommateurs, la FSMA met en garde les investisseurs amateurs et les cryptocurieux contre les arnaques aux monnaies virtuelles, qui se sont répandues sur Internet en 2017 et en 2018.

Le bitcoin traîne une réputation sulfureuse. À ses débuts, la monnaie virtuelle n'était pas aussi facile d'accès pour le grand public. Elle a servi à alimenter des circuits mafieux de trafic de drogue, de trafic d'armes et de blanchiment d'argent. Le célèbre site Silk Road, sorte de supermarché de la drogue, fonctionnait grâce au bitcoin. Le site a fermé en 2013 et son créateur, Ross William Ulbricht, connu sous le pseudonyme DPR (Dread Pirate Roberts), purge actuellement une peine de prison à perpétuité.

Depuis lors, tout ne s'est pas subitement régularisé. Le bitcoin et d'autres cryptomonnaies plus discrètes sont encore utilisés dans l'économie parallèle et illégale. Mais il est difficile de connaître la proportion exacte des échanges qui seraient liés à ces activités. Des chiffres et des études contradictoires circulent sur le sujet.

D'après une étude pilotée en 2018 par l'Université de Sidney, 44 % des opérations liées aux cryptomonnaies concernent des activités illégales ! C'est énorme. L'année dernière, trois nouveaux sites de commerce illégal utilisant le bitcoin comme moyen de paiement (AlphaBay, Hansa et Ramp) ont été fermés par les autorités. Une opération menée en avril 2018 en Espagne a abouti au démantèlement d'un réseau qui blanchissait de l'argent de la drogue via des bitcoins transformés ensuite en pesos colombiens, pour un total d'au moins 8 millions d'euros.

Les exemples ne manquent pas. Mais cela ne veut pas dire que le bitcoin et les cryptomonnaies sont les options de paiement privilégiées par les trafiquants en tous genres pour leurs activités illégales. D'après le patron d'Europol, interrogé en avril 2018 par la BBC, entre 3 % et 4 % des revenus des activités criminelles en Europe sont convertis en bitcoin. Ce qui représenterait environ 5 milliards d'euros. Ce montant peut certes sembler élevé, mais il ne représente pas plus de quelques pourcents de la totalité des cryptomonnaies en circulation. Cette évaluation – qui ne concerne que l'Europe – semble être en contradiction avec la conclusion de l'étude de l'Université de Sydney.

Une chose est sûre : les truands en tous genres n'ont pas attendu l'avènement des cryptomonnaies pour perpétrer leurs méfaits. Ils bénéficient aussi d'autres circuits de financement opaque, dont certains passent par les banques traditionnelles.

¬ Qui sont les accros du bitcoin ?

Originellement, le monde de la crypto est plutôt *underground*. Lors de sa création, il est soutenu par la communauté des *hackers* et emprunte beaucoup de références aux libertariens américains. Ces derniers prônent un libéralisme radical privilégiant les relations entre individus et rejetant globalement toute forme d'institution.

Mais de l'eau a coulé sous les ponts. Le bitcoin vient de fêter ses dix ans et est largement sorti de son cocon. Jusqu'à attirer des investisseurs débutants. Peu familiers avec l'histoire chahutée du bitcoin, ces derniers sont surtout motivés par l'appât du gain et se frottent aujourd'hui avec les « fondamentalistes du bitcoin ».

Même si elle est assez majoritairement masculine et relativement jeune, la communauté des accros du bitcoin est loin d'être uniforme. Au cours de mon expérience, j'ai rencontré différents profils de cryptopassionnés :

A. Le briscard du *trading*.

Il a acheté des bitcoins avant que vous n'en ayez jamais entendu parler, quand ils ne valaient que quelques dizaines d'euros. Il a fait de beaux coups et s'est pris quelquefois les pieds dans le tapis. Il connaît les plateformes de *trading* sur le bout des doigts. Il jongle avec les graphiques et les mots compliqués. Il est parano. Il est mystérieux.

B. Le fondu de la *blockchain*.

Chaque jour, il partage sur les réseaux sociaux des dizaines d'articles vantant les mérites de la *blockchain*. Il a perdu toute forme d'esprit critique sur le sujet. Il adore les abréviations propres au langage crypto. Parfois, vous n'avez pas la moindre idée de ce qu'il raconte. Il a un avis éclairé sur les monnaies virtuelles les plus exotiques. Il a déjà investi dans des dizaines d'ICO*. Il a testé toutes les plateformes, même les plus douteuses. Il est toujours prêt à vous donner un tuyau, même percé.

C. Le devin.

Quand le cours d'une cryptomonnaie flambe, il a toujours une bonne explication. Quand le cours d'une cryptomonnaie chute, il a toujours une bonne explication. Il a un coup d'avance sur tout le monde. Il gère des groupes sur WhatsApp et sur Telegram dont le nom commence par « *blockchain* », « crypto » ou « bitcoin ». Il a plusieurs écrans d'ordinateur chez lui, avec de jolis graphiques colorés qui bougent tout le temps. Parfois, il donne des conseils en placement. Mais il dit aussi qu'on en fait ce qu'on veut. Tout le monde l'écoute.

D. Le semi-pro.

Il est dans les cryptos depuis moins d'un an. Il passe beaucoup de temps sur les sites d'infos spécialisés. Il est inscrit sur 83 plateformes différentes. Il connaît les montants des frais de transaction par cœur. Il a un smartphone dédié exclusivement à ses investissements cryptos. En 2017, il est ravi parce qu'en 2018, il va pouvoir partir en vacances avec ses gains en bitcoins. En 2018, il est dégoûté. En 2019, il revient dans le *game* parce qu'en 2020, il compte partir en vacances avec ses gains en bitcoins.

E. Le joueur paresseux.

Il est inscrit sur des groupes WhatsApp et Telegram dont le nom commence par « *blockchain* », « crypto » ou « bitcoin ». Il écoute le devin.

F. Le *noob.**

Il a entendu parler du bitcoin en décembre 2017. Un actif dont la valeur est multipliée par 20 en un an, il a trouvé ça cool. Il en a acheté en janvier 2018. Depuis lors, il trouve ça nettement moins cool.

¬ Où rencontrer la communauté crypto ?

Des événements consacrés aux cryptomonnaies et à la *blockchain* en général sont régulièrement organisés par des passionnés du sujet.

Pour rejoindre des groupes actifs sur la question, je vous invite à consulter la plateforme Eventbrite, qui propose en Belgique des événements dédiés à toutes les thématiques et qui compte quelques groupes focalisés sur les cryptomonnaies.

L'association HIVE Blockchain Society, qui traite des sujets liés à la *blockchain*, organise aussi des événements et des conférences sur le sujet.

La Belgian Bitcoin Association est également active sur le terrain de la sensibilisation aux sujets liés aux cryptomonnaies.

Au-delà de ces lieux de rencontres, la plupart des discussions se font bien entendu en ligne. Les forums de discussion sur le sujet sont très nombreux. Sur Facebook, Telegram et WhatsApp, vous trouverez quantité de comptes traitant des cryptomonnaies et du bitcoin. La communauté crypto francophone, tant française que belge, est très active sur les forums animés par CryptoFR.

Chapitre 7.

Une transaction en bitcoin, ce n'est pas gratuit

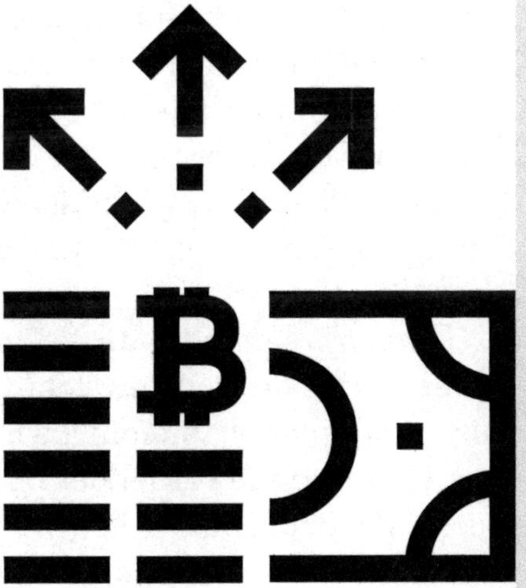

Je suis devenu un champion de la cryptotransaction. Quand je repère une nouvelle monnaie qui m'intéresse, je me déleste de quelques euros (EUR), de quelques bitcoins (BTC) ou de quelques ethers (ETH) pour m'acheter un nouveau gri-gri.

Mais je ne peux m'empêcher d'être agacé quand je tombe sur le décompte final.

À chaque opération, je sème de petits morceaux de cryptomonnaie. Frais de minage, frais de transaction, frais pour la méthode de paiement Quelle que soit la plateforme que je choisis, elle me détrousse de quelques euros ou centimes d'euros.

Le pire, c'est que je ne sais jamais réellement à quelle sauce je vais être mangé. Je parcours les conditions d'utilisation des plateformes d'échange que je fréquente (Binance, Kraken, Bitstamp), mais je ne tombe jamais sur une réponse claire. Certains frais sont forfaitaires. D'autres sont proportionnels au montant de la transaction. D'autres encore dépendent de la méthode de paiement choisie. Ou de la vitesse à laquelle je veux que la transaction s'effectue. Et le tout s'additionne.

En clair, impossible de savoir à quoi m'attendre quand je commence un processus d'achat sur une plateforme d'échange. Pire : il faut généralement attendre la dernière page pour découvrir le montant final de la ponction qui va grever ma transaction.

On se croirait sur le site de Ryanair.

Les accros de la crypto (chapitre 6) m'avaient pourtant vanté l'Eldorado du bitcoin. La monnaie virtuelle a réussi le tour de force de se passer des banques, ces empêcheuses de tourner en rond. Finis les intermédiaires de paiement ! Je pensais naïvement que toutes mes transactions en mode *peer-to-peer* allaient se faire sans accroc et sans frais. On est censés être entre amis, non, sur la planète bitcoin ?

Hélas, rien n'est gratuit en ce bas monde. Même les cryptomonnaies n'échappent pas à cette devise éculée. Les nouveaux intermédiaires de paiement que sont les plateformes d'échange ne travaillent pas gratis.

Je m'en ouvre auprès de mes avisés conseillers. Sur les forums, sur WhatsApp ou sur Telegram, c'est toujours la même rengaine : « Pénibles ces frais. Mais on ne peut rien y faire. » Une exaspération mêlée de fatalisme.

En pratique, comment ça marche ?

¬ C'est quoi, ces frais de transaction ?

Les frais qui s'ajoutent à chaque opération restent souvent en travers de la gorge des investisseurs en cryptomonnaies. Leur montant aléatoire et peu transparent représente jusqu'à plusieurs pourcents de la valeur totale de la transaction. Ces frais rémunèrent toute une série d'intermédiaires qui font fonctionner le monde du bitcoin… en échange de juteuses commissions. Attention : les différents types de frais détaillés ci-dessous sont cumulatifs. Je sais, ça fait mal.

A. Frais de minage

Quoi ? Ce sont les frais réclamés par les mineurs de monnaies virtuelles. Les mineurs valident les transactions et les inscrivent sur la *blockchain*, constituant un énorme livre de comptes en ligne, réputé infalsifiable. En échange de ce « travail » réalisé grâce à un matériel informatique puissant, ils sont rémunérés en cryptomonnaies (chapitre 12).

Quand ? Les frais de minage sont dus pour les opérations validées sur la *blockchain*. C'est le cas des achats de cryptomonnaies à partir d'une monnaie classique (fiat). Si vous achetez pour 100 euros de bitcoins, vous payez des frais de minage.

Même chose si vous transférez de la cryptomonnaie d'une plateforme d'échange vers une autre. Si vous faites circuler par exemple 3 bitcoins de votre portefeuille sur Coinbase vers un autre portefeuille sur Binance, vous payez des frais de minage.

Par contre, toute opération réalisée au sein d'une même plateforme n'engendre pas de frais de minage. Par exemple, si vous convertissez du bitcoin (BTC) en nem (XEM) sur la plateforme d'échange chinoise Binance, vous ne payez pas de frais de minage.

Combien ? Ces frais sont très variables. Leur montant dépend de la monnaie achetée, du moment où elle est achetée et du prix que l'acheteur est prêt à payer au mineur.

Les frais de minage sont plus élevés pour l'achat de bitcoins que pour d'autres monnaies virtuelles. Fin 2017, ils ont littéralement explosé, atteignant un montant moyen de 55 dollars par transaction ! En octobre 2018, ils sont redescendus aux alentours de 0,36 dollar par transaction, selon le site spécialisé BitInfoCharts.

Le pic atteint en 2017 coïncide avec une multiplication du nombre de transactions, due à l'arrivée d'une foule de nouveaux investisseurs, attirés par la flambée du cours du bitcoin. Confrontés à une forte demande, les mineurs ont fait monter les enchères, privilégiant les transactions pour lesquelles les acheteurs étaient prêts à payer des frais plus élevés. Quand la demande s'est tassée (suite à la baisse des cours), les frais de minage ont commencé à diminuer.

Il est possible de fixer au préalable les frais de minage que vous êtes prêt à payer. « Plus vous payez cher, plus les mineurs seront susceptibles d'inclure rapidement votre transaction dans la liste des opérations qu'ils vont valider. S'ils sont confrontés à une forte demande, ils feront un arbitrage en faveur des transactions les plus rémunératrices », explique Jean Wallemacq, ancien président de la Belgian Bitcoin Association. Si vous mettez le prix, votre transaction s'effectue plus rapidement et vous récupérez plus vite vos précieuses devises virtuelles. Si vous êtes moins pressé (et d'un naturel pas trop inquiet), vous pouvez opter pour des frais de minage plus doux. Mais la transaction prendra plus longtemps, parfois même plusieurs jours.

Sur les devises alternatives au bitcoin, les frais de minage sont moins élevés. À titre d'exemple, pour un achat effectué sur la plateforme néerlandaise AnycoinDirect en date du 18 février 2018, les frais de minage s'élevaient à 2,51 euros pour du bitcoin (BTC), 0,75 euro pour de l'ether (ETH), 0,11 euro pour du litecoin (LTC) et 0,01 euro pour du neo (NEO).

Ces frais de minage sont fixes, quel que soit le montant de la transaction.

B. Frais liés à la méthode de paiement

Quoi ? Ce sont les frais qui dépendent du moyen de paiement utilisé : virement, carte de débit, carte de crédit, etc. Ces frais vont à la banque et aux intermédiaires de paiement.

Quand ? Ces frais sont dus lors d'un achat de monnaies virtuelles effectué en euros.

Combien ? Ces frais varient en fonction de la méthode de paiement. Les achats par carte de crédit et par carte de débit, qui permettent d'acquérir très rapidement des devises virtuelles, sont les plus onéreux. Les achats effectués par virement SEPA, qui prennent généralement deux à trois jours, sont meilleur marché.

Contrairement aux surcoûts liés au minage, ces frais ne sont pas forfaitaires : ils dépendent du montant de la transaction et représentent généralement un pourcentage de celle-ci. Le manque de transparence malheureusement affiché par la plupart des plateformes d'échange rend difficile, voire impossible, l'établissement d'un tarif moyen. Pour compliquer encore un peu les choses, ces frais versés aux intermédiaires « classiques » (banques, opérateurs de paiement) sont parfois agglomérés avec les frais versés à la plateforme elle-même (point 3).

Pour avoir un ordre d'idée, nous avons simulé un achat de 500 euros d'ethers (ETH), le 18 février 2018, sur la plateforme AnyCoinDirect, qui affiche les frais de manière plus transparente et plus claire que la plupart des plateformes. Il fallait alors débourser 2,92 euros de frais pour un virement SEPA (soit 0,58 % du montant de la transaction) et 5,96 euros pour un paiement par carte bleue ou Bancontact (1,19 %). Sur Coinbase, pour acheter le même montant d'ethers avec une carte de crédit Visa ou MasterCard, il fallait compter 12,09 euros de frais (2,4 %).

La plateforme Coinbase a longtemps été à couteaux tirés avec Visa et MasterCard, en raison précisément de ces frais de transaction, qu'elle estime trop élevés. Elle a été jusqu'à déconseiller à ses utilisateurs d'employer cette méthode de paiement en raison des surcoûts pratiqués. J'ai interrogé Visa sur la question : l'entreprise renvoie la balle aux banques, « qui déterminent les frais qui s'appliqueront aux titulaires de cartes, le cas échéant ». Face à cette réponse peu explicite, j'ai contacté l'un des grands acteurs bancaires, BNP Paribas Fortis. La banque m'a assuré qu'elle n'impose pas de surcoûts pour l'achat de monnaies virtuelles par rapport à d'autres types de transactions : « Il n'y a pas de différenciation du coût pour le client sur base de ses achats », m'a assuré le porte-parole de la banque.

D'où vient alors le surcoût dénoncé par certaines plateformes d'échange comme Coinbase ? Probablement des frais supplémentaires imposés aux plateformes par leurs propres banques ou par leurs intermédiaires de paiement, en raison du risque lié au secteur très instable des cryptomonnaies. Les plateformes répercutent ensuite ces frais supplémentaires sur leurs clients.

c. Frais pour la plateforme d'échange

Quoi ? Ce sont les frais réclamés par la plateforme d'échange de monnaies virtuelles.

Quand ? Ces frais sont réclamés pour la plupart des opérations réalisées sur la plateforme : achat de cryptomonnaies avec de l'argent classique (euros) ou avec d'autres devises virtuelles, transfert de monnaies virtuelles vers une autre plateforme.

Combien ? Ces frais dépendent de chaque plateforme. Les sites très fréquentés par les investisseurs débutants comme Coinbase sont loin d'être les moins chers. Pour acheter 500 euros de bitcoins à partir de Coinbase, comptez 4 euros de frais. Sur les grandes plateformes de *trading* comme Gdax (devenue Coinbase Pro), Binance ou Kraken, les frais sont moins élevés.

Par contre, sur ces plateformes de *trading*, il n'est pas toujours possible d'acheter des monnaies virtuelles à partir de devises classiques. Il faut donc d'abord disposer de cryptomonnaies très usuelles, comme le bitcoin ou l'ether, pour pouvoir faire son marché. Sur Binance, qui propose des centaines de cryptomonnaies, les frais de courtage sont fixés à 0,1 % du montant de la transaction. Sur Kraken, les frais varient entre 0 % et 0,36 %, en fonction de la monnaie et du volume achetés.

d. Frais cachés

Quoi ? Ce sont les frais prélevés à votre insu par la plateforme d'échange.

Quand ? Sur tout achat ou vente de cryptomonnaie.

Combien ? Le montant de ces frais dépend du prix auquel vous achetez votre monnaie virtuelle. « Le courtier se rémunère sur le *spread*, c'est-à-dire sur la différence entre le prix de vente et le prix d'achat tels que fixés par la plateforme », explique Sami El Bouamri, senior consultant chez Initio, société de conseil spécialisée dans le secteur bancaire et financier.

C'est un procédé comparable à celui d'un bureau de change classique, qui propose des euros contre des dollars et vice-versa. Le bureau de change se rémunère sur la différence entre le taux de conversion à l'achat et à la vente. Des sites Internet comme CoinMarketCap permettent de comparer les « taux de change » sur les différentes plateformes cryptos, afin de trouver la meilleure affaire du moment.

NOS CONSEILS :

1. **Comparez les plateformes.** Inscrivez-vous sur différentes plateformes. Cela vous permettra de comparer les interfaces, les services, la facilité d'utilisation mais aussi le montant des frais de transaction. Décortiquez chaque transaction afin d'en extraire le total des frais qui sont ponctionnés.
2. **Choisissez soigneusement votre moyen de paiement.** Tout dépend de votre approche de la transaction. Si vous souhaitez aller vite pour ne pas manquer une opportunité, optez pour la carte de crédit ou la carte bancaire. Les frais seront élevés, mais vous réaliserez la transaction en un temps record.

   Si vous n'êtes pas pressé, optez pour un virement SEPA. L'opération prendra deux à trois jours, mais c'est l'assurance d'obtenir les frais de transaction les moins élevés.

3. **Fixez vos frais de minage à l'avance.** Plus vous payez cher les mineurs, plus ceux-ci seront incités à s'occuper rapidement de votre transaction. Si vous êtes pressé, de nouveau, il s'agira de mettre le prix. Au contraire, si vous optez pour des frais de minage à un niveau plancher, vous courez le risque de rester bloqué avec une transaction qui ne se réalise pas pendant des jours, faute de trouver des mineurs suffisamment motivés pour s'en charger.

Chapitre 8.

Survivre à un krach

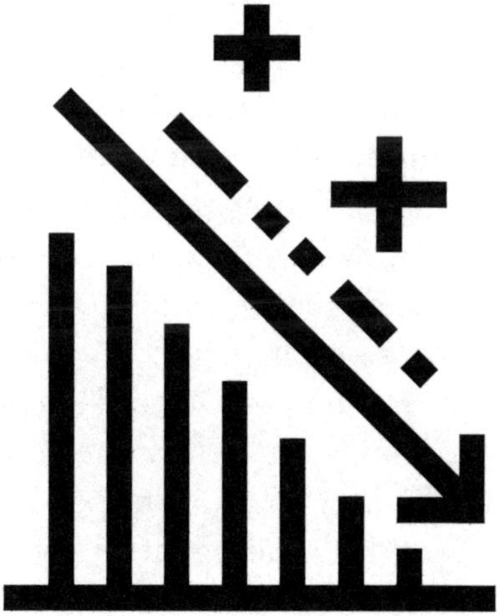

Je me souviendrai longtemps du 7 mars 2018. Un mercredi plutôt tranquille. Mon portefeuille, dans une phase ascendante, affiche une belle santé. Après un départ catastrophique (chapitre 3), mes positions sont en train de reprendre des couleurs. Je me retrouve même brièvement en positif sur l'ensemble de mes investissements. Si je revends tout là, maintenant, je repars avec une centaine d'euros de bénéfices. Champagne !

Mais mon exploration du monde sauvage des cryptomonnaies n'est pas terminée. Et la réalité va vite se rappeler à moi. Dans la soirée, mon smartphone commence à s'agiter. Les notifications s'amoncellent sur mes cryptogroupes WhatsApp et Telegram. Mauvais signe.

Avant de lire les messages de mes conseillers de l'ombre, j'allume avec une certaine inquiétude mon ordinateur et me connecte à mon portefeuille en ligne. Ouch. Le beau tracé ascensionnel digne du relief des Alpes s'est brusquement inversé. Tous mes placements clignotent furieusement. Couleur dominante ? Rouge vif.

« Boum ! 1k #chutelibre », plante Fabrice sur WhatsApp. La valeur du bitcoin vient de dégringoler de 1000 euros en un claquement de doigts. Et ce n'est pas fini. En quelques heures, la cryptodevise se tasse de près de 10 %, entraînant le marché dans une descente quasiment verticale.

C'est le krach.

Après la tempête, je fais l'inventaire de mes troupes. Toutes les monnaies virtuelles que je possède, du bitcoin (BTC) au stellar (XLM) en passant par l'ether (ETH) et le neo (NEO), affichent des rendements négatifs. Mes petits cryptosoldats sont à l'agonie.

Et moi qui pensais avoir touché le fond.

Que s'est-il encore passé sur le marché des cryptos ? Je mets mon imperméable de Colombo et pars mener l'enquête. Je découvre le premier indice sur mon smartphone : « C'est quoi ce FUD* sur Binance ? », demande innocemment Alex sur l'un des groupes spécial « *blockchain* » que j'ai rejoints sur WhatsApp. Le FUD (« *Fear, uncertainty and doubt* ») est un état de confusion et de doute instillé par des informations vagues ou contradictoires. En gros, tout le monde s'agite dans tous les sens de manière incohérente. Les commentaires sont flous et parcellaires. Les mouvements sur le marché sont désordonnés.

C'est bien la plateforme chinoise Binance qui est au centre des conversations, comme l'indique Alex. Cet acteur clé du secteur, l'une des plus grandes bourses d'échange de cryptomonnaies au niveau mondial, a essuyé une tentative de *hacking*. Les pirates ont réussi à prendre possession d'un robot *trader* qui émet des ordres d'achat et de vente automatiques pour le compte de certains clients. Ce robot est similaire à celui que j'utilise moi-même depuis peu (chapitre 11).

Après vérification, je constate que mon robot n'est heureusement pas concerné par la tentative de *hacking*. Par contre, sur Binance, certaines victimes ont vu leur petit compagnon numérique agir bizarrement. Leur robot *trader* a commencé à échanger massivement leurs placements contre du viacoin (VIA), ce qui a eu pour effet de gonfler artificiellement la valeur de cette monnaie alternative très discrète et largement méconnue du grand public.

Les dirigeants de Binance ont bloqué immédiatement les retraits sur la plateforme. Ils assurent que la tentative de piratage a échoué et qu'aucun fonds n'a été dérobé. Possédant moi-même plusieurs monnaies alternatives sur Binance, je me précipite sur la plateforme pour vérifier qu'elles y sont encore. Je tente à plusieurs reprises de me connecter, mais n'y parviens pas.

Ça y est, je pense m'être fait pirater comme un bleu. La parano commence à s'installer. Je tente de me rassurer en me disant que l'annonce du *hacking* a dû précipiter des milliers et des milliers d'investisseurs comme moi sur la plateforme chinoise, ralentissant mécaniquement son accès. Mais je n'arrive pas à me raisonner. Je suis moi-même en mode FUD.

Finalement, je parviens à accéder à mon compte. Tout y est. J'éponge la petite goutte de sueur qui perle à mon front.

C'est alors qu'une deuxième explication possible me parvient. Le krach ne serait pas dû à cette tentative de piratage, mais à la baleine de Tokyo. Rappelez-vous, je vous ai déjà parlé des baleines, ces gros propriétaires de bitcoins capables de déstabiliser le marché avec un seul ordre de vente (chapitre 2). Nobuaki Koboayashi c'est le vrai nom de la baleine de Tokyo est un avocat japonais. Il est aussi chargé de la liquidation de la faillite de Mt.Gox, cette plateforme sulfureuse qui a fait faillite en 2014. Son patron, le Français Marc Karpelès, a toujours prétendu qu'il avait dû fermer boutique suite à un mystérieux piratage et à la subite disparition de 650 000 bitcoins dans l'océan crypto.

La baleine de Tokyo s'occupe du remboursement des victimes de ce scandale majeur (à l'époque, Mt.Gox cannibalisait 80 % des échanges sur le marché crypto). Et cet étrange cétacé choisit ce fameux mercredi 7 mars 2018 pour annoncer que ses affaires roulent. Selon ses propres dires, Nobuaki Koboayashi est occupé à convertir les quantités astronomiques de bitcoins (BTC) et de bitcoins cash (BCH) qu'il possède en dollars sonnants et trébuchants. Au cours des six derniers mois, explique-t-il tranquillement, il a vendu des cryptomonnaies pour l'équivalent de 400 millions de dollars !

La baleine est sortie de l'eau. Et ça fait des vagues.

Mais comme sur le marché des cryptos, rien n'est jamais clair comme de l'eau de roche, je poursuis mes investigations. Je découvre qu'un troisième événement majeur a eu lieu au cours de la journée du 7 mars 2018.

Le gendarme financier américain, la SEC (Securities and Exchange Commission), a émis de nouvelles recommandations concernant le marché des cryptomonnaies. La haute autorité a tout simplement rappelé aux plateformes d'échange qu'elles doivent s'enregistrer auprès de ses services.

Un petit rappel banal, semble-t-il au premier abord. Sauf que de nombreuses plateformes cryptos ne se sont pas encore conformées à cette injonction. La sortie de la SEC serait moins innocente qu'il y paraît. Elle laisse entrevoir un nouveau tour de vis réglementaire de la part de l'autorité financière américaine. Or, le marché dérégulé des cryptomonnaies est peu friand de ce genre de menace. Comme précédemment mentionné, ce type d'annonce propage souvent une certaine confusion aussi appelée FUD.

Quelle que soit l'explication, les dégâts sont considérables sur le marché. Tous mes compagnons de route tirent la langue. Les GIF « gros soupir » ou « visage horrifié » ont beaucoup de succès sur mes groupes de discussion. « La Lambo* ce n'est pas fini mais ce n'est pas pour tout de suite », reconnaît lucidement Fabrice. Dans le monde très bling-bling des cryptos, la Lamborghini est le symbole de la réussite. Les cryptomilliardaires ceux qui ont flairé le bon filon il y a des années et qui ont revendu leurs positions au bon moment adorent partager sur les réseaux sociaux les photos de leur « Lambo » (même en location). Pour mes contacts, c'est surtout devenu une *private joke* même si je soupçonne certains accros de croire qu'un jour, eux aussi auront leur petit bolide.

Si le sentiment qui domine est la désolation, quelques enthousiastes semblent déjà prêts à replonger. Eh oui, comme les cours se sont effondrés, c'est peut-être le moment d'acheter, m'expliquent les plus audacieux.

Paul, le très optimiste leader d'un de mes groupes, annonce fièrement qu'il vient de remettre une pièce dans la machine. « J'ai fait un BTD* sur Enjin. *Wish me luck* », lance-t-il, cryptique et frondeur. BTD pour « *Buy the dip* » (achat au rabais) : Paul vient de racheter une dose d'enjins (ENJ), une de ses monnaies virtuelles favorites, au sujet de laquelle il ne tarit pas d'éloges. Son éloquence m'a d'ailleurs convaincu, puisque l'enjin fait partie de mon cryptoassortiment (chapitre 2).

Le lendemain, vidéos et liens bizarres à l'appui, Paul me parle d'une possibilité que le bitcoin passe à 200 000 dollars pour atteindre la valeur folle d'un million de dollars en 2020. « On a 29 % d'avance sur cette prédiction J. On a encore gagné quelques pourcents le temps que je mange mes spaghettis J *Cheer up!* », poursuit Paul avant de m'envoyer le GIF d'un petit bonhomme qui danse.

Je pense qu'il s'emballe un peu.

De mon côté, je vais surtout tenter de limiter la casse avant de faire des plans sur la comète. Ça commence par un petit bilan de mes finances. Je fais les comptes. En 24 heures, j'ai perdu 1 000 euros.

En pratique, comment ça marche ?

Le marché des cryptomonnaies est instable et extrêmement volatil. Les variations de cours peuvent être très brutales. Si la bourse est loin d'être un long fleuve tranquille, le marché des monnaies virtuelles peut clairement être qualifié de fleuve tumultueux. Qui plus est, il résiste souvent à toute rationalité. Si certaines explications peuvent être apportées (lire ci-dessus), elles ne sont jamais entièrement satisfaisantes.

Au cours des trois mois que j'ai passés dans la peau d'un investisseur en cryptodevises, le cours du bitcoin a joué au yo-yo, passant d'un extrême à l'autre en très peu de temps. Durant cette période, le bitcoin a oscillé entre 11192 euros et 5480 euros. Pour passer de son point le plus haut à son point le plus bas, il ne lui a fallu que trois semaines ! Une période pendant laquelle sa valeur a été divisée par deux.

Pour résister à ce genre de tempête, il faut soit avoir les reins solides, soit être capable de laisser filer en attendant de meilleurs lendemains. C'est le sens du mot d'ordre HODL* que les experts du bitcoin aiment lancer à la cantonade. Tout en sachant que de nombreux investisseurs débutants préféreront quitter le navire en cours de route, quitte à acter une perte.

Pendant la durée de mon expérience, le marché a été particulièrement secoué. Mais la courbe du bitcoin n'est pas toujours aussi impétueuse. Depuis les montagnes russes de fin 2017-début 2018, le bitcoin s'est « stabilisé » aux alentours d'une valeur de 5000 euros. Pendant une période de relative accalmie comme celle-là (qui n'a duré que six mois, puisqu'en novembre, le bitcoin a de nouveau lourdement chuté pour atteindre un nouveau palier situé aux alentours de 3000 euros !), il est toujours possible de réaliser quelques bonnes opérations. Pour cela, il faut être capable de procéder à des achats et ventes assez rapides, tout en acceptant d'empocher des gains relativement faibles.

NOS CONSEILS :

1. **HODL. Laissez passer l'orage.** Vous n'avez de toute façon aucune prise possible sur les soubresauts du bitcoin. Il sera encore temps de faire les comptes à la fin de l'épisode baissier.

   Si vous estimez que vous avez accumulé trop de pertes, vous pouvez évidemment revendre vos positions et quitter le marché. Les aficionados du bitcoin ne manqueront pas de vous dire que c'est une grossière erreur. Jusqu'ici, la monnaie virtuelle a toujours réussi à se remettre d'aplomb après un krach. Cela a parfois mis un an ou deux, mais le bitcoin est chaque fois parvenu à redresser la barre.

   En novembre 2018, le bitcoin a plongé sous les 4 000 euros. C'est une fameuse décote : en un an, le bitcoin a vu sa valeur divisée par quatre ! Au pic de sa folle ascension en décembre 2017, il flirtait en effet avec les 16 000 euros. Mais les plus optimistes des observateurs du bitcoin ne manquent jamais de rappeler qu'un an plus tôt, sa valeur était de 5 000 euros.

   Stable, le bitcoin ? Certainement pas. Mais la star des monnaies virtuelles a un passé qui plaide en sa faveur. Il suffit de jeter un œil sur sa courbe sur dix ans. Elle ferait pâlir d'envie de nombreuses valeurs boursières.

2. **Mettez un *stop/loss**.** La plupart des plateformes d'échange vous permettent de paramétrer votre portefeuille. Vous pouvez notamment placer ce que l'on appelle un *stop/loss*. Ce mécanisme vous évitera d'accumuler des pertes non désirées. Pour chaque cryptomonnaie dans laquelle vous investissez, vous pouvez introduire un montant minimum en dessous duquel vous ne souhaitez pas poursuivre l'aventure. Si le cours de la cryptomonnaie en question atteint ce seuil minimum, le *stop/loss* s'enclenche et la plateforme passe un ordre de vente automatique pour votre cryptomonnaie.
3. **N'investissez pas.** « Dans certains cas, pas de *trade* est un bon *trade*. » C'est la suggestion que m'a faite un investisseur expérimenté alors que je me débattais avec mes placements. À la recherche du timing parfait pour « *Buy the dip* », c'est-à-dire acheter au plus bas dans l'espoir de revendre avec une plus-value, je n'ai sans doute pas toujours été très patient. Les *traders* les plus expérimentés achètent quand le marché est calme et commencent à faire des opérations quand le marché donne des signes de reprise.

   Mon *timing* était clairement loin d'être parfait, puisque j'ai investi juste après l'épisode le plus spectaculaire de flambée des prix que le marché du bitcoin n'a jamais connu. Plusieurs investisseurs m'ont indiqué qu'il s'agissait probablement du pire moment pour investir. Je ne peux pas leur donner tort. Mais c'est toujours plus facile à dire *a posteriori*.

4. **Passez votre chemin.** Si vous n'êtes pas prêt à subir des périodes de crise et de krach, c'est que le marché très chahuté des cryptos n'est pas fait pour vous. Il vaut peut-être mieux s'en rendre compte avant de prendre des risques insensés ou de s'engager dans des investissements qui peuvent s'avérer extrêmement stressants.
5. **Et n'oubliez pas l'un de nos premiers conseils** : n'investissez pas plus que ce que vous pouvez perdre.

Chapitre 9.

Payer son coiffeur en bitcoins

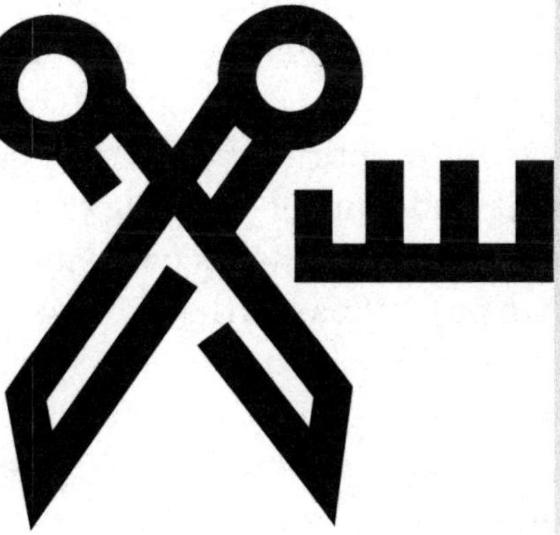

Denis Durant est coiffeur. Il tient un sympathique *barber shop* un poil rétro sur une route bien fréquentée d'Heusy, un petit patelin situé en périphérie de la ville belge de Verviers. Denis Durant est surtout le seul commerçant que je connaisse à accepter les paiements en bitcoins. Ça tombe bien, ma coupe de cheveux mérite un petit élagage.

Alors que Denis s'occupe de mon look capillaire, je lui demande comment lui est venue l'idée de proposer ce mode de paiement inédit à ses clients : « J'ai découvert le bitcoin il y a un an et demi, m'explique le coiffeur. J'ai fait un premier placement en ligne qui m'a rapporté une petite plus-value. C'est là que j'ai découvert le potentiel du bitcoin. J'ai commencé à en parler avec mes clients et je me suis rendu compte que plusieurs d'entre eux investissaient aussi dans les cryptomonnaies. Je me suis dit que le bitcoin ne devait pas être cantonné à un outil de spéculation, mais que l'on pouvait aussi le proposer comme moyen de paiement. »

À la place des traditionnels autocollants Visa ou Bancontact, Denis a apposé une vignette « *Bitcoin accepted* » près de son terminal de paiement. Est-ce simplement un clin d'il à la star des cryptomonnaies ? Je soupçonne le barbier d'utiliser le bitcoin comme argument marketing pour attirer les cryptocurieux dans mon genre. Il me confirme que cela fait évidemment partie de sa stratégie. Mais il m'indique aussi qu'un à deux clients par semaine le rémunèrent en bitcoins. On ne peut pas parler d'un raz-de-marée, mais on va dire que c'est un bon début.

À mon tour de passer à la caisse.

Je dégaine mon smartphone et ouvre l'application Coinbase (chapitre 1). Son interface permet de réaliser des paiements instantanés grâce à un système de code QR à scanner sur le téléphone du commerçant.

Ma nouvelle coupe de cheveux me coûte 0,0023 BTC, soit 17 euros tout pile.

Pour arriver à ce montant exact, qui correspond au tarif renseigné pour une coupe homme dans son salon, Denis Durant a une astuce. Plutôt que de fixer un tarif en bitcoins, il convertit le montant de 17 euros au cours du jour. Son objectif est d'éviter que les fortes variations du cours du bitcoin aient un impact sur ses rentrées.

Si l'on se place du côté du commerçant, c'est assez logique. Comment afficher un tarif fixe en bitcoins, sachant que la cryptomonnaie joue en permanence aux montagnes russes (chapitre 8) ? Si le cours du bitcoin prend un bouillon, une coupe de cheveux peut rapidement perdre de sa valeur. Ce qui n'est pas bon pour le tiroir-caisse du cryptocoiffeur.

Par contre, du côté du client (moi), le résultat est un peu décevant. Certes, j'ai payé ma coupe via une application crypto, avec mes propres réserves de bitcoins. Mais c'est bien moi qui supporte le risque lié à la fluctuation des cours : si le bitcoin s'effondre, je paierai plus cher (en bitcoins).

Deuxième surprise plutôt désagréable : comme d'habitude, je dois payer des frais de transaction. Et ils ne sont pas piqués des vers ! Je débourse au total 3 euros supplémentaires. Ce qui fait un supplément de 17,6 % sur la facture initiale ! Et cela, uniquement parce que j'ai choisi de payer en monnaie virtuelle.

Pas sûr qu'on m'y reprendra.

En pratique, comment ça marche ?

¬ Le bitcoin est-il une monnaie ?

Cette question fait l'objet d'interminables controverses entre adeptes et détracteurs du cryptoactif le plus populaire au monde.

J'ai posé la question au professeur Georges Hübner : « Ce n'est pas une monnaie légale : contrairement à l'euro, par exemple, son acceptation est laissée au libre choix du commerçant », explique-t-il. Une monnaie qui a cours légal doit être acceptée partout où elle est utilisée. Dans la zone euro, personne ne peut vous refuser un paiement en euros.

À l'inverse, personne n'est obligé d'accepter un paiement en bitcoins. C'est donc bien sur base volontaire que le coiffeur Denis Durant accepte les paiements en cryptomonnaies. Le bitcoin et ses dérivés représentent un moyen d'échange, mais pour l'heure, ce n'est pas une véritable monnaie au sens strict du terme.

Cela dit, les défenseurs du bitcoin estiment que la cryptomonnaie représente le futur de la monnaie. Sa technologie de rupture (la *blockchain**), son caractère décentralisé (qui supprime les intermédiaires) et son côté infalsifiable (il faudrait réunir des capacités informatiques incommensurables pour « démolir » numériquement le bitcoin) en font un candidat de choix pour remplacer les bonnes vieilles monnaies traditionnelles.

Mais actuellement, force est de constater que le bitcoin est surtout un actif spéculatif. Mathieu Jamar, ingénieur spécialisé dans les cryptomonnaies, ne nie pas que l'appât du gain est la principale motivation des nouveaux investisseurs. Mais la valeur du bitcoin ne se résume pas à ce seul paramètre, explique-t-il : « Pour la haute finance, le bitcoin a une valeur en tant qu'investissement financier. Les gestionnaires de fortune et les *hedge funds* se positionnent sur le créneau des monnaies virtuelles pour diversifier leurs portefeuilles. »

Un rapport rédigé fin 2018 par la banque américaine Morgan Stanley démontre que le bitcoin est devenu, en un an à peine, un nouvel « actif institutionnel » pour les fonds et les banques. D'après ce rapport, les investisseurs institutionnels détiennent plus de 7 milliards de dollars en cryptomonnaies, sur un marché total valant 200 milliards.

En bon adepte du bitcoin, Mathieu Jamar estime aussi que la valeur du bitcoin en tant que « monnaie du futur » va continuer à progresser : « Ce qui motive les gens, c'est l'utilité que va acquérir le bitcoin dans les prochaines années », assure-t-il.

L'une des promesses du bitcoin est tout simplement de créer un nouvel ordre monétaire mondial. Au-delà de la bulle spéculative qui s'est emparée des monnaies virtuelles, celles-ci pourraient en effet révolutionner nos échanges financiers. Rappelons que le bitcoin est apparu en 2008, au lendemain de la crise financière. Dans l'esprit de son mystérieux concepteur Satoshi Nakamoto, l'atout principal de la cryptodevise est de réaliser des transactions entre particuliers, sans passer par l'intermédiaire classique que constituent les banques. Dans l'esprit des défenseurs du bitcoin, ce serait une excellente chose. Ils tiennent en effet les institutions bancaires pour principales responsables de la crise de 2007.

Basé sur le concept des échanges *peer-to-peer* (pair à pair), comme les premières plateformes (illégales) de téléchargement de musique de type Napster, le bitcoin est censé tirer sa force d'une communauté d'adeptes qui place sa confiance dans cette nouvelle forme de monnaie. Et cette communauté est clairement en train de grandir (chapitre 6).

¬ Le bitcoin est-il illégal ?

Même s'il n'a pas cours légal comme l'euro, le bitcoin n'a pour autant jamais été déclaré illégal. Des appels à la régulation des cryptomonnaies se font de plus en plus entendre, que ce soit du côté des régulateurs financiers ou des autorités politiques.

Mais le bitcoin semble bien parti pour y survivre : « Il est intéressant de constater que les banques centrales ne décrètent pas le bitcoin hors-la-loi. Elles semblent le voir comme une ébauche des futurs échanges monétaires. C'est un laboratoire », souligne Georges Hübner.

¬ Que peut-on acheter en bitcoins ?

Vous l'aurez compris, certains commerçants comme Denis Durant font le pari du bitcoin. Mais globalement, les biens et les services que l'on peut acheter en bitcoins ne sont pas légion.

Vous pouvez acheter une pizza, des sushis ou un plat thaï sur Takeaway.com (ex Pizza.be), des jeux vidéo Xbox (Microsoft) ou le dernier album de la chanteuse Björk. Jusque récemment, il était possible de payer sa facture de téléphonie mobile chez l'opérateur belge Mobile Vikings, mais cela ne semble plus être le cas. Certains grands sites comme Craigslist (site américain de petites annonces), Wordpress (blogging) ou Expedia (voyages) acceptent les bitcoins. En janvier dernier, le jeu vidéo à succès Fortnite (plus de 200 millions de joueurs !) a installé sur sa plateforme une application autorisant les paiements en monero (XRM), une monnaie virtuelle alternative, avant de la retirer, parlant d'un « accident » technique.

Pour une adoption beaucoup plus massive, il faudrait que des acteurs majeurs de l'e-commerce comme Amazon ou des géants de l'Internet comme Netflix acceptent les paiements en cryptomonnaies. Selon l'agence Bloomberg, Facebook plancherait sur une cryptomonnaie permettant des paiements entre amis sur sa messagerie WhatsApp. Mais rien n'a encore été officialisé. Comme Denis Durant, ces géants du Web craignent les fluctuations du cours du bitcoin et redoutent les frais de transaction qui s'imposeront à leurs clients pour ces achats en ligne.

Conclusion : pour l'instant, inutile d'espérer utiliser vos bitcoins pour faire vos courses au supermarché, pour régler la note d'un restaurant, la facture de votre chauffagiste ou pour payer vos impôts.

Chapitre 10.

Vos gains en bitcoin sont-ils taxables ?

Une question fiscale fait trembler tous les gagnants du bitcoin. Les plus-values qu'ils ont réalisées grâce à leurs investissements en cryptomonnaies seront-elles taxées ? Et à quel taux ?

1. En Belgique

Pour l'administration fiscale, les investissements en cryptomonnaies ont toutes les caractéristiques d'un placement spéculatif soumis à taxation. Mais en l'absence de cadre légal spécifiquement dédié aux monnaies virtuelles, il reste une marge d'interprétation.

A. La règle : un placement spéculatif taxé à 33 %

Courant 2018, le Service des décisions anticipées (SDA), chargé des *rulings* au sein de l'administration fiscale, s'est prononcé sur le sujet de la fiscalité des cryptomonnaies. À première vue, le fisc est assez catégorique : « Les investissements en monnaie virtuelle possèdent généralement un caractère spéculatif », pointe le SDA.

Par conséquent, « les revenus provenant de ces investissements constituent des revenus divers » et sont donc taxés à un taux de 33 %. Si on y ajoute les additionnels communaux, cela amène le taux de taxation aux alentours de 35 %.

Cette prise de position du SDA fait suite à une décision datant de décembre 2017. Un étudiant avait alors saisi l'administration fiscale afin de déterminer la qualification à apporter aux revenus qu'il avait générés sur ses investissements en cryptomonnaies. Selon le service du *ruling*, ses revenus n'étaient pas « professionnels », l'activité de l'étudiant étant qualifiée de « hobby ». En revanche, ses investissements étaient considérés comme « spéculatifs », et donc assimilés à des revenus divers, taxables à 33 %.

Peut-on déduire de cet épisode que toute plus-value réalisée en cryptomonnaie sera d'office taxée à un taux de 33 % ?

Pas forcément. Le cas sur lequel le service des décisions anticipées a été amené à se prononcer est un cas particulier : c'est un étudiant qui a réalisé quelques placements en monnaies virtuelles, à titre d'activité de « loisir ». Dans d'autres situations, le fisc pourrait être amené à se prononcer d'une tout autre manière.

« Comme il n'y a pas de législation spécifique en Belgique concernant ces investissements, le fisc a carte blanche pour édicter ses propres règles », explique l'avocat Thierry Lauwers, associé chez Lauwers & Seutin.

Il règne donc un certain flou sur le sujet. Tant que le législateur ne sera pas intervenu pour clarifier la situation fiscale des gains réalisés en cryptomonnaies, plusieurs interprétations seront possibles.

B. Un revenu professionnel taxé à 50 % ?

Si l'investisseur est un pro du bitcoin, ses revenus ne sont pas « divers », mais bien « professionnels ». Il se retrouve alors dans le droit commun des revenus découlant d'une activité déclarée : « Dans ce cas, la taxation peut aller jusqu'à 50 %, voire au-delà », souligne Thierry Lauwers. On parle bien ici du cas d'un crypto-*trader* averti, qui occupe une bonne partie de son temps à réaliser des opérations d'achat et de vente de cryptomonnaies.

Cette qualification reste théorique à l'heure actuelle. Le commerce de bitcoins n'est en effet pas une activité reconnue.

Le secteur des cryptomonnaies est encore une zone grise, où même les plus aguerris des *traders* n'officient pas en tant que professionnels, ni en leur nom propre, ni au nom d'une quelconque entreprise. En Belgique, la commercialisation de produits financiers dont les rendements dépendent de monnaies virtuelles est interdite par un règlement émis en 2014 par la FSMA, le gendarme financier. Cela limite forcément la possibilité d'exercer une réelle activité de professionnel des placements en cryptomonnaies.

C. Le bon père de famille taxé à 0 % ?

Si l'investisseur parvient à démontrer à l'administration fiscale que son placement n'est pas spéculatif mais reste dans les limites de la gestion d'un patrimoine en bon père de famille, son taux de taxation sera égal à zéro.

Dans sa décision en 2018, le SDA dit bien que les investissements en cryptomonnaies ont « généralement » un caractère spéculatif. Cela laisse une porte entrouverte. Si le contribuable démontre que son activité n'est pas spéculative, il pourrait théoriquement échapper à la taxation.

Comment dès lors définir la spéculation ? « C'est une transaction très risquée, via laquelle un investisseur a une chance de faire de grands bénéfices ou de grandes pertes », nous explique le SPF Finances.

A priori, cela ressemble furieusement aux placements en cryptomonnaies. Mais il faut toujours se référer aux circonstances de fait. L'étudiant qui a sollicité le SDA en 2017 avait développé une application visant à acheter et vendre de manière automatique des monnaies virtuelles. Cette application avait pour objectif de réaliser des gains rapides, ce qui a conduit le fisc à considérer qu'elle avait un but spéculatif.

Cela dit, le cas de l'étudiant et de son logiciel de *trading* n'est qu'un exemple parmi d'autres : « L'importance et la répétition des opérations, un laps de temps court entre l'achat et la vente ou encore l'importance du gain sont des critères qui permettent de déduire l'intention spéculative », explique Alain Vanderstraeten, avocat fiscaliste chez Van Cutsem, Wittamer, Marnef & partners.

À l'inverse, un investisseur qui achète du bitcoin et le conserve pendant longtemps avant de le vendre pourrait être considéré comme un bon père de famille, qui cherche simplement à diversifier son patrimoine, sans jouer sur la spéculation à court terme. « Il n'y a pas une différence énorme entre l'achat d'un bitcoin, d'une action, d'une montre de luxe, d'une œuvre d'art ou d'une devise étrangère. Chacun gère son patrimoine privé comme il l'entend en prenant soin de pondérer les risques », complète Alain Vanderstraeten.

L'avocate Valérie-Anne de Brauwere (cabinet Thales) a justement conseillé un client qui a investi dans le bitcoin et réalisé des gains quelques années plus tard. Selon l'avocate, il s'agit d'une gestion « normale » d'un patrimoine personnel qui exclut toute idée spéculative : « C'est un client assez visionnaire, qui a investi dans le bitcoin il y a très longtemps », pointe-t-elle. Les circonstances seraient différentes s'il avait investi mi-2017 pour revendre quelques mois plus tard, quand le cours du bitcoin a atteint des sommets.

Quel délai devrait-on raisonnablement fixer entre l'achat et la revente pour que l'investissement puisse être vu comme celui d'un bon père de famille ? « En dessous d'un an, le risque que l'investissement soit considéré comme spéculatif est élevé », avance Valérie-Anne de Brauwere.

Autre critère qui peut être pris en compte dans l'évaluation du caractère spéculatif : le montant investi dans les monnaies virtuelles par rapport au patrimoine de l'investisseur. S'il place la moitié de sa fortune dans le bitcoin, il risque fort d'être catalogué comme spéculateur. Même chose s'il contracte un emprunt dans le seul but d'acquérir des cryptomonnaies.

« L'usage ou non de ces devises virtuelles peut également intervenir, complète Valérie-Anne de Brauwere. Si l'investisseur utilise ses bitcoins pour acheter des biens ou des services, il démontre que ce n'est pas simplement un instrument spéculatif. » À l'heure actuelle, l'usage du bitcoin comme monnaie d'échange reste cependant relativement anecdotique (chapitre 9), ce qui peut rendre cette démonstration malaisée.

2. En France

A. La règle : une flat-tax de 30 %

La loi de Finances 2019 a largement clarifié les règles entourant la fiscalité du bitcoin et des cryptomonnaies. Par défaut, les plus-values réalisées par les crypto-investisseurs sont désormais taxées au taux unique de 30 %. Ce taux est applicable pour les plus-values réalisées en 2018.

Cette réglementation récente vient simplifier la situation antérieure, qui reposait sur une interprétation de la question par l'administration fiscale et sur un arrêt du Conseil d'État. « Le Bulletin Officiel des Finances Publiques considérait le bitcoin comme un placement spéculatif, qui devait être taxé au plus haut », explique Thierry Vallat, avocat au barreau de Paris. Le service des impôts classait donc ces plus-values dans la catégorie des bénéfices non commerciaux, ce qui aboutissait selon Thierry Vallat à une taxation tournant autour de 45 %.

Une décision du Conseil d'État datant d'avril 2018 est venue ajouter une autre interprétation. Selon cette décision, les investissements en bitcoin pouvaient dans certains cas être rangés dans la catégorie des bénéfices sur biens meubles, taxés à 36 %.

Le système de flat-tax à 30 % simplifie les choses pour les crypto-investisseurs et allège la charge fiscale qui pesait auparavant sur leurs plus-values. « La volonté du ministre de l'Économie Bruno Le Maire est de faire de Paris une place attractive pour les projets liés à la blockchain et aux crypto-actifs », souligne l'avocat Thierry Vallat.

B. Le minage taxé comme une activité professionnelle

Le minage de bitcoin (chapitre 11) constitue une exception au principe de la flat-tax, qui concerne les investisseurs occasionnels. La loi de Finances considère que l'activité de minage de bitcoin est une activité professionnelle. Par conséquent, les plus-values réalisées par les mineurs sont taxées en tant que bénéfices non commerciaux. On retombe alors sur un taux de taxation plus élevé, tournant autour de 45 % selon l'avocat Thierry Vallat.

3. Quand la plus-value est-elle taxable ?

La plupart des avocats que nous avons contactés considèrent que la plus-value n'est taxable qu'au moment de la conversion des devises virtuelles en devises « classiques » (euros, dollars ou autres). Pour calculer la plus-value, il suffit de comparer le montant (en euros) utilisé pour acheter des bitcoins avec le montant retiré (en euros) au moment de la revente.

Mais entre ces deux opérations, l'investisseur peut avoir échangé ses bitcoins contre d'autres devises virtuelles. Exemple fictif : M. Nakamoto achète 1 BTC, qu'il convertit ensuite en ETH. Quelque temps plus tard, il revend ses ETH, à un meilleur taux, contre 2 BTC. Dans l'opération, M. Nakamoto a gagné 1 BTC. Il a réalisé une plus-value, mais uniquement en monnaie virtuelle.

Si l'on considère que cette plus-value est taxable, la difficulté sera d'en évaluer le montant (en euros). Inutile, en effet, d'inscrire dans sa déclaration fiscale des revenus en monnaies. Il faudrait donc déterminer le taux de change des différentes devises virtuelles échangées, par rapport à l'euro, au moment de chaque transaction, pour calculer le montant de la plus-value. Un vrai casse-tête, étant donné que chaque plateforme fixe son propre taux de change. En France, la loi de Finances 2019 a clarifié la situation. Selon cette législation récente, les plus-values réalisées de crypto à crypto ne sont pas taxées. Seules sont taxées les plus-values réalisées en euros, au moment de la revente des cryptomonnaies.

4. Quel contrôle par le fisc ?

L'administration fiscale est-elle capable de repérer les plus-values réalisées par les investisseurs en monnaies virtuelles ? À l'heure actuelle, ces investissements restent encore relativement discrets et échappent souvent au radar du fisc. Mais cela pourrait changer. D'après le quotidien belge *De Standaard*, quatre dossiers liés à des gains en cryptomonnaies ont été ouverts en 2018 auprès de l'inspection spéciale des impôts.

« Le fisc s'intéresse de plus en plus aux cryptomonnaies. C'est normal : partout où il y a de l'argent, l'administration fiscale vient voir ce qui se passe. Pour les monnaies virtuelles, on n'en est encore qu'au tout début », confirme l'avocat Thierry Lauwers, qui s'est spécialisé dans les dossiers fiscaux relatifs aux monnaies virtuelles. Chaque jour, il reçoit de nouveaux dossiers.

Restent les investisseurs qui ne comptent pas déclarer leurs gains. Le fisc a-t-il les moyens de les identifier ? Aux États-Unis, l'IRS (Internal Revenue Service, l'agence fédérale qui collecte l'impôt sur le revenu) a obtenu les dossiers des 13 000 plus gros investisseurs en bitcoins présents sur la plateforme d'échange de monnaies virtuelles Coinbase. Ce type de procédé, qualifié de « *fishing expedition* » (recherche d'informations incriminantes), ne serait sans doute pas envisageable en Belgique : « Le fisc ne peut pas aller à la pêche pour obtenir ce genre d'informations », observe Valérie-Anne de Brauwere.

Selon une décision (début 2018) du Tribunal de première instance d'Anvers, l'administration fiscale ne peut pas exiger d'une société de paiement (type Visa) qu'elle lui fournisse un relevé complet des transactions de tous ses clients sur une période déterminée. Cette jurisprudence pourrait être étendue aux plateformes d'échange de monnaies virtuelles et interdirait un contrôle massif des utilisateurs belges de ces plateformes.

En revanche, l'administration fiscale peut faire des demandes individuelles, sur la base d'indices de fraude ou de blanchiment, par exemple. Avec cette difficulté supplémentaire : toutes les plateformes d'échange sont domiciliées à l'étranger, ce qui implique une collaboration avec l'administration fiscale des pays concernés.

Si elles y sont contraintes, les plateformes fourniront donc les informations nécessaires. Et elles y sont tout à fait préparées. Pour montrer patte blanche et pour se conformer aux règles antiblanchiment, les plateformes les plus sérieuses exigent des investisseurs en bitcoins toute une série d'informations permettant de vérifier leur identité : copie recto verso de la carte d'identité, photo, facture de gaz pour certifier l'adresse du domicile, etc. (chapitre 1). Notons qu'en France, le législateur oblige désormais les détenteurs de cryptomonnaies à déclarer les comptes qu'ils possèdent sur des plateformes d'échange situées à l'étranger, comme Coinbase, Kraken, Binance ou autres.

5. Le rôle des banques

Une banque pourrait-elle prendre les devants et « dénoncer » son propre client qui toucherait des gains sur ses investissements en cryptomonnaies ? La plupart des banques sont très frileuses par rapport à ces actifs numériques méconnus qui traînent une réputation sulfureuse. Certains investisseurs, avec lesquels nous sommes entrés en contact, ont vu leur compte en banque bloqué à la suite de retraits effectués sur des plateformes d'échange en cryptomonnaies.

Nous avons interrogé la banque Belfius sur le sujet. « Belfius n'applique pas de politique qui empêcherait les clients d'investir en cryptomonnaies », nous répond la banque. Mais elle prévient : « Nous sommes bien conscients du risque potentiel de fraude lié à ces instruments. C'est pourquoi la banque est encore plus vigilante quand ses clients effectuent ce type d'opérations. Cette vigilance accrue implique notamment des contrôles supplémentaires sur la provenance des fonds. Si la banque a des présomptions de fraude, elle entreprend les actions nécessaires, qui peuvent notamment impliquer un signalement à la CTIF[1] ou une rupture de la relation client. »

NOTRE CONSEIL :

Mettez une partie de vos gains de côté. Comme vous l'aurez constaté, le traitement fiscal des gains en cryptomonnaie n'est pas encore clairement fixé. Certes, vous pouvez espérer bénéficier de la règle la plus souple (taxation à 0 % en Belgique pour le bon père de famille). Mais nous vous conseillons de vous préparer à devoir verser une partie de votre plus-value à l'État. Mettez au moins un tiers de vos gains de côté.

1 Cellule antiblanchiment.

Chapitre 11.

Un robot *trader* à mon service

Solène[1], une investisseuse passionnée, tente de m'initier à la science du *trading*. Elle m'envoie un graphique en *head & shoulder* (tête et épaule) inversés : « Petite leçon du jour : la taille du rebond est statistiquement équivalente à la distance entre la *neckline* (encolure) et la tête », me glisse-t-elle sur WhatsApp. C'est ce qu'elle appelle la TA* ou *technical analysis*.

Cryptique.

Je comprends mieux le graphique suivant, constitué de chandelles rouges et vertes. Solène me démontre, preuve à l'appui, que j'aurais déjà pu aisément doubler mes gains, en quelques jours à peine. Facile : il suffisait d'acheter du bitcoin lorsqu'il était à 5 000 euros (le 5 février 2018 très précisément) et de le revendre exactement 12 jours plus tard, lorsqu'il remontait aux alentours de 10 000 euros.

Comme beaucoup d'investisseurs, je suis passé à côté de la montre en or.

Évidemment, c'est toujours plus facile à dire *a posteriori*. Cela dit, si je veux afficher de meilleures performances, j'ai l'impression que je dois me mettre au *trading**, comme Solène. Mais je doute de mes talents. Et je n'ai pas beaucoup de temps à consacrer à ces opérations.

C'est alors que j'apprends l'existence des robots *traders*.

Les robots *traders* ou bots* de *trading* sont de petits compagnons numériques qui placent des ordres d'achat et de vente pour leur propriétaire. Ils font ce boulot de façon totalement automatisée. De nombreux sites Internet en proposent à la location, pour un mois ou plus.

Cela pourrait me rendre d'énormes services. Le robot offre quand même pas mal d'avantages. Le premier d'entre eux est qu'il ne se fatigue jamais (contrairement à moi) et qu'il travaille 24 heures sur 24. S'il flaire un bon coup à 4 heures du

---

1 Nom d'emprunt.

matin, je me réveillerai le lendemain avec une bonne surprise sur mon portefeuille en ligne. De mon côté, je n'ai pas la possibilité matérielle ni physique (ni l'envie) de consacrer des journées entières à surveiller les cours et à me former aux subtilités du crypto-*trading*.

De plus, le robot est probablement plus adroit que moi. S'il est capable d'analyser ces fameuses forces et résistances dont me parlent les investisseurs les plus expérimentés, il devrait placer ses attaques au bon moment. C'est toujours mieux que les jeux de hasard auxquels je m'adonne depuis plusieurs semaines. Vu mes faibles talents de cryptoboursicoteur, je me dis qu'il vaut peut-être mieux s'en remettre à la froide technique d'un robot qu'à mon instinct.

Et pourtant, tous mes contacts me déconseillent cette activité extrêmement risquée.

Si le robot est mal configuré, il risque de faire n'importe quoi et de siphonner tout mon portefeuille, m'expliquent certains investisseurs aguerris. Sans oublier que les arnaques au bitcoin pullulent sur Internet. Si je n'y prends pas garde, je pourrais m'acoquiner avec un robot malhonnête (chapitre 14).

Après moult tergiversations, je décide de passer outre ces recommandations de prudence. Je louerai les services d'un robot *trader*, à mes risques et périls.

Karim[2], l'un de mes conseillers en placements rencontré sur WhatsApp, tente lui aussi de me décourager. Mais j'insiste. Je sais que lui-même a une longue expérience en crypto-*trading*. Il a même planché sur la création de son propre robot *trader* ! Il m'avertit une dernière fois que je m'engage sur une pente glissante, puis il finit par craquer. Je passerai plusieurs heures avec lui au téléphone pour configurer mon petit robot à tout faire.

2 Prénom d'emprunt.

Karim me suggère l'application Cryptohopper. Ce site Internet est symbolisé par un kangourou, qui me souhaite la bienvenue d'un ton enjoué : « *Hi there, hopper! Happy hopping!* » (Salut le sauteur ! Bon saut !). J'opte pour l'abonnement « *bunny* » (petit lapin), une offre clairement destinée aux débutants. Ses services me coûteront 20 euros par mois, une somme que je peux payer en bitcoins.

Il est amusant de constater que les tarifs de ces services de crypto-*trading* sont affichés en monnaie fiat (dollar ou euro) et non pas en monnaie virtuelle. Le raisonnement est le même que celui du coiffeur Denis Durant (chapitre 9) : les commerçants même dans le secteur crypto, apparemment – ne souhaitent pas supporter le risque de variation du cours du bitcoin et préfèrent le reporter sur leurs clients.

Pour minimiser les risques, je place une somme relativement faible dans l'aventure : 0,03 bitcoin, soit environ 250 euros à ce moment-là. Mon robot sera donc chargé de « jouer » avec ces bitcoins et, surtout, de les faire fructifier. Si mon kangourou virtuel pète un plomb, mes pertes seront circonscrites à cette somme, qui représente alors environ 5 % de mon portefeuille.

Pour que l'application fonctionne, je dois placer mes bitcoins sur une plateforme d'échange compatible avec Cryptohopper. Je choisis de les mettre sur Kraken, une plateforme que j'ai déjà utilisée. Je relie mon robot à Kraken via une API, un petit programme informatique chargé de faire l'interface entre la plateforme d'échange et Cryptohopper.

Reste à paramétrer mon robot. Et c'est là que ça se corse.

Je dois d'abord choisir les monnaies dans lesquelles il va investir. Je me dis qu'il vaut mieux éviter les devises les plus exotiques, qui risquent à tout moment de ne plus valoir un kopeck. Je décide de me contenter de six monnaies virtuelles alternatives, qui font partie des devises les plus connues et les plus capitalisées : l'ether (ETH), le litecoin (LTC), le dash

(DASH), le ripple (XRP), le monero (XMR) et le zcash (ZEC). Mon robot va donc acheter et vendre ces *altcoins** à partir de mon portefeuille de bitcoins, au gré de ses envies et je l'espère en réalisant d'intéressantes plus-values.

Je dois ensuite décider du degré de risque que j'accepte de prendre. Je n'ai pas encore une confiance énorme en mon petit *bunny* et préfère opter pour une approche prudente. Je laisse la formule « offensive » de côté.

Je choisis de brider mon robot. Si jamais mon capital venait à fondre trop rapidement, il devrait cesser ses bêtises séance tenante. C'est le système du *stop/loss**. Il fonctionne de manière relativement simple : si les pertes se creusent au-delà d'un seuil prédéfini, sur une monnaie alternative que mon robot a achetée, il doit revendre ses positions sans plus attendre.

Les autres paramètres me semblent assez obscurs. Ils sont sans doute réservés à des investisseurs plus expérimentés que moi. Je préfère commencer avec le paramétrage de base et lâche mon *bunny* dans la nature.

Une semaine plus tard, je consulte l'historique des *trades* réalisés par mon robot.

Loin de rester inactif, il a déjà réalisé plus de 160 opérations (achats et ventes). Pas mal ! Par contre, ses performances laissent à désirer. En sept jours de travail, il est parvenu à faire fondre la valeur du portefeuille de bitcoins que j'ai mis à sa disposition. Résultat provisoire : - 4,67 %.

Chapeau, l'artiste.

Sur les groupes WhatsApp, Slack et Telegram où je retrouve des *traders* avertis, on se moque à nouveau de mon infortune, sur un air connu : « On te l'avait bien dit. » Mais je compte bien dresser mon robot afin qu'il génère un peu de revenus. C'est quand même pour ça que je le paie.

Visiblement, la configuration que j'ai choisie n'est pas la plus adaptée à mon profil d'investisseur. Je recontacte Karim, qui a déjà testé plusieurs robots. Il me suggère de modifier certains paramètres.

Première modification : je réduis le montant maximum affecté à chaque opération. Jusque-là, mon robot se permettait parfois de miser l'intégralité de la somme que je lui avais confiée (0,03 bitcoin, soit 250 euros environ) sur une monnaie alternative. Je vais devoir freiner ses ardeurs. L'idée est en effet de diversifier mes investissements dans un panel de cryptomonnaies, afin d'optimiser mes chances de faire de bons coups. Pour éviter qu'il ne fasse « tapis » sur une seule monnaie alternative, j'intime l'ordre à mon robot de ne pas miser plus de 5 % de mon portefeuille par opération.

Deuxième adaptation : je passe en mode « semi-manuel ». Au départ, j'avais confié les décisions d'investissement à l'obscur algorithme automatique de Cryptohopper. Pour un investisseur débutant, cela me semblait être le plus simple et le plus évident. Mais Karim me suggère de reprendre un peu la main sur mon indiscipliné robot et de ne plus lui laisser l'entière responsabilité des décisions d'achat et de vente.

Je vais donc orienter mon petit robot sur différents « signaux » que j'espère judicieux. Ces signaux sont en fait des conseils émis par des groupes de (supposés) *traders* présents sur Twitter, Facebook ou Telegram, qui repèrent les variations dans les cours des monnaies virtuelles et recommandent certains investissements censés être pertinents. Ces groupes développent en quelque sorte leur algorithme « maison ». Reste à choisir les signaux les plus adéquats pour mon profil d'investisseur, parmi une liste proposée sur le site de Cryptohopper.

Je repère le groupe des « Altcoin Ninjas ». Sur leur groupe actif sur l'application Telegram, ils se vantent de procurer des rendements faramineux à leurs membres. Ils prétendent être capables de faire gonfler mes avoirs de + 978 % ! Cela me semble totalement invraisemblable. Je préfère passer mon chemin.

Après avoir passé en revue plusieurs groupes plus étranges les uns que les autres, je jette mon dévolu sur le « Crypto Lion Signals ». Ce collectif, qui revendique 22 000 membres sur Telegram, semble échanger les mêmes devises virtuelles que moi. On verra s'ils sont plus doués que l'algorithme de base développé par Cryptohopper.

Troisième adaptation : je supprime le *stop/loss* que j'avais activé. Ce mécanisme de cliquet oblige mon robot à revendre une monnaie alternative lorsque le cours de celle-ci dégringole trop bas. Problème : toutes les monnaies achetées par mon incompétent petit lapin ont rapidement décroché. Dès qu'elles atteignent le seuil fixé par le *stop/loss*, mon robot est contraint de les revendre. Vu la volatilité du secteur, mon compagnon numérique a finalement passé son temps à revendre mes nouvelles acquisitions à perte… En supprimant ce *stop/loss*, j'éviterai à l'avenir ce type de problème. Par contre, je prends beaucoup plus de risques. C'est la formule « offensive ». Si une monnaie plonge irrémédiablement, je pourrais faire une très mauvaise opération.

Et cela ne manque pas.

Après modification de mes paramètres, le bitcoin se remet à dégringoler, entraînant une nouvelle fois les monnaies alternatives dans sa chute. Complètement déboussolé, mon robot se montre totalement incapable de réagir à ce nouvel effondrement du marché.

Il bloque complètement.

Durant les semaines qui suivent, mon robot ne réalise plus la moindre opération. Il assiste, impuissant, à une nouvelle décrue sur le front des cryptos. Visiblement, mes nouvelles consignes ne lui plaisent pas. Il a décidé de se croiser les bras jusqu'à nouvel ordre.

À la fin de mon premier mois d'abonnement, je constate que mon robot est resté paralysé avec un portefeuille constitué exclusivement de dashs, et qu'il n'a plus fait aucune opération depuis mon nouveau paramétrage.

Lui et moi, on n'est pas sur la même longueur d'onde.

Très déçu de son attitude, je résilie mon abonnement à Cryptohopper. J'ai perdu l'équivalent de 40 euros environ, soit 16 % du montant investi dans cette expérience de robot *trading*.

En pratique, comment ça marche ?

¬ Le robot-*trading*, c'est quoi ?

Le monde des cryptos est envahi de logiciels perfectionnés, qui placent des ordres d'achat et de vente de manière automatisée.

Dans la finance classique, cela existe aussi. On appelle cela le *trading* à haute fréquence. La majorité des échanges se font aujourd'hui via ces systèmes ultraperfectionnés, qui travaillent à une vitesse extrême que les humains ne sont pas capables de concurrencer. Les salles des marchés remplies de *traders* hurlant des ordres de vente ont laissé la place à des équipements informatiques hyperpuissants guidés par des algorithmes calibrés par les pointures de la technofinance.

Cela ne veut pas dire que le petit investisseur n'a pas sa place dans ce monde de la finance digitale. Mais disons qu'il ne dispose pas des mêmes moyens techniques que les *traders* employés par les plus grandes institutions financières.

Dans le monde des cryptomonnaies, c'est un peu la même chose. Les plus grands acteurs disposent des meilleurs logiciels. Les petits investisseurs débutants comme moi ne travaillent qu'avec leur PC et leur smartphone.

C'est ainsi que se sont développés des services de robot-*trading* à destination des investisseurs lambda. Ces robots *traders* sont censés offrir aux particuliers des outils technologiques généralement utilisés par les *traders* professionnels.

Les robots *traders* sont-ils fiables ?

Hélas non. Comme souvent sur le marché des cryptos, il est très difficile de distinguer les services sérieux des arnaques complètes (chapitre 14). Le marché n'étant pas régulé, les officines douteuses se multiplient. Rien de plus simple que de créer un site Internet vantant les investissements dans le bitcoin, afin de vous détrousser de vos cryptomonnaies. Ce site peut prendre l'apparence d'un service de robot-*trading*.

S'il faut évidemment être prudent, cela ne veut pas dire que tous les robots *traders* reposent sur du sable ou sont des attrape-nigauds.

Pour prendre l'exemple de Cryptohopper, je peux affirmer que ce site ne m'a pas escroqué, dans le sens où j'ai récupéré une partie de ma mise après utilisation de ses services. Il ne m'a pas volé mes bitcoins.

En revanche, j'ai perdu de l'argent en l'utilisant. En un mois d'utilisation, il n'est pas parvenu à me faire engranger le moindre gain. Sans vouloir lui chercher des excuses, il n'a cependant pas bénéficié d'un environnement très favorable. Quand le marché baisse, difficile de réaliser de beaux coups.

Mais rien ne me garantissait que mon robot *trader* serait performant. Investir dans des produits aussi volatils que les cryptomonnaies est de toute façon risqué.

Cela dit, il est permis de douter de la réalité de ces fameux « algorithmes de *trading* » censés décoder le marché et placer des ordres d'achat et de vente au bon moment. Le robot que j'ai utilisé n'a fait que suivre le marché, sans jamais réaliser la moindre opération bénéficiaire.

Même si les pertes se sont finalement avérées limitées, l'expérience est clairement peu concluante.

J'ai interrogé Jeremy[3], un spécialiste du *trading* et des cryptomonnaies, sur le robot-*trading*. Il est assez dubitatif : « Un robot *trader* qui te fait toujours gagner de l'argent, ça n'existe pas. Il faut accepter un certain niveau de risque. Généralement, les robots *traders* perdent tout dans les frais de transaction, vu le nombre d'opérations qu'ils réalisent. »

C'est un aspect auquel je n'avais pas pensé. Un robot *trader* fait potentiellement énormément d'achats et de ventes. Or, comme vous le savez, ces opérations sont grevées de frais de transaction parfois importants (chapitre 7). Plus vous multipliez les opérations, plus ces frais s'accumulent. Difficile dans ce cas d'espérer faire de belles plus-values.

Pour tirer le meilleur de ces robots traders, il faut déjà être particulièrement doué en *trading*. Leurs performances dépendent en effet essentiellement de la pertinence des paramètres que vous mettez en place. Ce n'est donc sans doute pas l'outil le plus adapté pour les investisseurs amateurs.

3 Prénom d'emprunt.

Chapitre 12.

Dans la mine à bitcoins

Frédéric est un mineur de bitcoin. Je le retrouve à proximité de Bruxelles, dans un zoning à l'allure quelconque. Il m'entraîne au fin fond des caves d'un bâtiment de bureaux, où il m'ouvre la porte d'une armoire métallique. C'est là, entre les câbles et les serveurs de l'entreprise, que se cache son matériel de minage. Frédéric me présente son *antminer**. Ce gros boîtier rectangulaire tourne à plein régime et souffle de l'air en permanence à travers son ventilateur intégré.

C'est à partir de ce matériel pas très sexy que Frédéric extrait des bitcoins et valide des transactions en cryptomonnaies réalisées dans le monde entier. Cette activité, appelée minage, est indispensable au bon fonctionnement du bitcoin. Et elle rapporte ou est censée rapporter de l'argent aux mineurs comme Frédéric. Une partie des frais de transaction qui grèvent toutes les opérations cryptos (chapitre 7) sont en effet reversés aux mineurs.

Une idée commence à germer dans mon esprit. Et si je mettais moi aussi la main dans le cambouis ? Je me verrais bien en mineur des temps modernes.

Mais ce n'est pas si simple.

Premier problème : je dois me procurer du matériel. De nombreux sites Internet en proposent, notamment celui du chinois Bitmain, leader du marché. Hélas, les prix sont plutôt élevés. Le matériel de Frédéric lui a coûté 7 000 euros ! C'est plus que mon capital de départ. D'autres formules moins onéreuses sont possibles. Je pourrais ainsi acquérir une « simple » carte graphique pour quelques centaines d'euros. Ce type de matériel informatique, traditionnellement utilisé par les *gamers*, peut également servir à miner du bitcoin.

Au moment où je me renseigne à ce sujet, le marché du minage est en pleine effervescence. Les cartes graphiques les plus populaires, celles de Nvidia, sont en rupture de stock ! Les joueurs de jeux vidéo sont furieux : les mineurs de bitcoin provoquent une véritable pénurie de cartes graphiques et font flamber les prix.

Exit donc le matériel de minage.

Heureusement, il existe une autre solution, plus gérable pour un amateur comme moi. Pour maximiser leur rendement, les mineurs se rassemblent souvent dans des projets de plus grande envergure. Ils créent ce que l'on appelle des *pools** de minage. Ces équipes de passionnés du bitcoin mettent leurs ressources informatiques en commun pour miner de la cryptomonnaie.

Ces *pools* ne sont pas forcément localisés dans un endroit unique. Ils peuvent fonctionner de façon décentralisée et coordonnée entre les différents mineurs, qui peuvent être répartis aux quatre coins du monde. On parle alors de *cloud mining**. Pour participer à ce « minage dans le nuage », l'idéal est de disposer d'un matériel de pointe (cartes graphiques ou *antminers*). Mais, comme expliqué plus haut, je n'investirai pas dans ces équipements coûteux et peu disponibles.

Heureusement, des débutants peu équipés (et peu fortunés) comme moi peuvent rejoindre des *pools* de mineurs avec un simple PC. Certains programmes permettent même de miner du bitcoin avec un smartphone !

À la recherche du meilleur plan, je sollicite quelques mineurs de bitcoin expérimentés. L'un d'entre eux me suggère de m'inscrire sur le site MinerGate.

Mon idée est d'installer l'application sur mon PC de bureau. Ni vu ni connu, mon ordinateur va devenir une véritable fontaine à bitcoins ! Je ne devrai même pas lever le petit doigt : le processeur de mon portable s'occupera de tout.

Par acquis de conscience, j'en touche un mot à l'informaticien de la société.

Et là, c'est la douche froide. Danny est beaucoup moins emballé que moi par cette opération de minage. Il refuse tout simplement que mon PC, qui est connecté au réseau de l'entreprise, soit relié à un *pool* de mineurs de bitcoin. Il me parle de virus, de *malwares* et de sécurité informatique.

Je parviens finalement à le convaincre de me céder un vieux PC inutilisé, qu'il prend soin de déconnecter du réseau de l'entreprise. Pour mon activité de minage, je suis relégué dans les sous-sols de la rédaction, entre les archives et la chaufferie.

Je m'inscris sur le site MinerGate et place 250 euros dans mon opération de minage. Je rejoins un *pool* composé de près de 40 000 mineurs frénétiquement occupés à produire du bon vieux bitcoin (BTC). Sur le site, d'autres équipes minent du monero (XMR), du zcash (ZEC), du bitcoin gold (BTG) ou encore du bytecoin (BCN).

Satisfait, je quitte ma grotte et laisse tourner mon PC nuit et jour sur ce programme de minage. Cette fois, j'ai trouvé le bon filon.

Quand je reviens aux nouvelles une semaine plus tard, le résultat est très loin de mes attentes. Je dois malheureusement constater que mon ordinateur n'a pas trouvé beaucoup de cryptopépites. En sept jours, mon application de *cloud mining* a généré 4,68 dollars.

À cette allure-là, il me faudra plus d'un an pour commencer à rentrer dans mes frais.

En pratique, comment ça marche ?

Comment fonctionne le minage de bitcoin ?

Contrairement à une monnaie classique, la cryptomonnaie n'est pas émise par une autorité centrale. Elle est créée de manière décentralisée, grâce à un réseau d'ordinateurs détenus par les mineurs. Ceux-ci branchent leurs machines sur le réseau pour servir deux objectifs : valider les transactions en monnaie virtuelle et créer de nouveaux bitcoins.

Le premier « travail » des mineurs est donc d'assurer ce processus de validation des transactions, qui vient sécuriser les échanges (achats et ventes) de cryptomonnaies. Chaque transaction est « confirmée » par des opérations cryptées de manière informatique. Ce cryptage est assuré par une multitude d'ordinateurs, détenus par les mineurs, travaillant de concert à travers le monde pour valider les transactions et les inscrire sur la *blockchain**.

Dans le cadre de ce processus, toutes les informations inscrites sur la *blockchain* y sont en quelque sorte gravées dans le marbre. Chaque « bloc » contient en effet l'historique des transactions effectuées précédemment. Mis bout à bout, ces « blocs » forment une « chaîne » (la *blockchain* ou chaîne de blocs) contenant l'ensemble des données. C'est ainsi qu'il est possible de retracer l'ensemble des transactions liées au bitcoin, depuis son origine[4].

4 Cela ne signifie pas que l'on peut retrouver les personnes qui ont réalisé ces transactions, mais l'historique des échanges est conservé.

Ce mécanisme de cryptage renforce la sécurité des échanges, les rendant quasiment infalsifiables et inattaquables par des pirates informatiques[5].

S'il est possible pour un pirate d'attaquer un site Internet ou une plateforme en ligne, il lui est quasiment impossible d'attaquer le processus de minage. Ce processus sollicite en effet des capacités informatiques combinées considérables. Pour falsifier une transaction en bitcoins, un pirate devrait parvenir à réunir plus de la moitié des capacités informatiques détenues par tous les mineurs de bitcoin. Ce serait une fameuse prouesse technique, qui coûterait tellement d'argent qu'elle en deviendrait quasiment inimaginable.

Le deuxième « travail » des mineurs est de créer de nouveaux bitcoins. Au total, 21 millions de bitcoins seront, à terme, mis en circulation. Ce chiffre est inscrit dans le marbre : c'est le code initial du protocole Bitcoin qui le prévoit.

Le minage de nouveaux bitcoins est un processus en cours depuis la création de la monnaie virtuelle en 2008. Plus de 80 % de ces 21 millions de bitcoins ont déjà été minés et mis sur le marché. Mais le minage de nouveaux bitcoins nécessite des capacités informatiques toujours plus importantes, ce qui ralentit progressivement le processus. Celui-ci ne sera finalisé que dans plusieurs dizaines d'années. Certaines estimations évoquent l'an 2140 comme horizon.

¬ Combien coûte le matériel ?

Pour miner du bitcoin ou toute autre monnaie virtuelle, vous pouvez utiliser votre ordinateur personnel ou même

---

5 Attention : si les échanges sont hautement sécurisés, ce n'est pas le cas des cryptomonnaies elles-mêmes ni des plateformes qui les hébergent. Celles-ci subissent régulièrement des cyberattaques débouchant sur des vols massifs de devises numériques (chapitre 5).

votre smartphone. Mais cela ne vous permettra pas de produire grand-chose (lire ci-dessus).

Ce genre d'opération nécessite une puissance de calcul conséquente, qui ne peut être fournie que par un équipement « professionnel ». Les *antminers*, ces machines créées spécifiquement pour miner du bitcoin ou d'autres cryptomonnaies, coûtent plusieurs milliers d'euros pièce et se vendent comme des petits pains quand le bitcoin connaît une période faste.

La société chinoise Bitmain est l'acteur le plus puissant du marché du minage. L'entreprise prépare une introduction en bourse et table sur une valorisation supérieure à 40 milliards de dollars. Bitmain aurait généré un chiffre d'affaires de 2,8 milliards de dollars au premier semestre 2018. L'entreprise occupe une position dominante sur le marché grâce à ses ventes de matériel, mais aussi grâce à ses *pools* de mineurs. Bitmain a la main sur les deux *pools* les plus importants du secteur : BTC.com et Antpool. Signe que ce marché est particulièrement actif, le géant Samsung s'est lancé l'année dernière dans la production de puces ASIC, qui équipent ces machines de minage.

Le matériel de minage se vend librement sur Internet. Vous pouvez en trouver sur les sites des fabricants, comme les chinois Bitmain et Canaan Creative ou encore l'entreprise européenne Bitfury. Basée à Amsterdam, cette dernière a bouclé en novembre 2018 une levée de fonds de 80 millions de dollars menée par le fonds d'investissement Korelya Capital, dirigé par l'ancienne ministre française en charge du numérique, Fleur Pellerin.

Sur Internet, de nombreux vendeurs spécialisés proposent ce type de matériel. Même le géant de l'e-commerce Amazon dispose d'un bel assortiment d'*antminers*.

Attention : chaque machine utilise une fonction de hachage* (technique cryptographique) bien particulière. Cela signifie qu'une seule machine n'est pas capable de miner toutes les cryptomonnaies. Une machine qui mine du bitcoin (BTC) pourra miner du bitcoin cash (BCH), mais pas de l'ether (ETH). Une machine qui mine du litecoin (LTC) pourra miner du dogecoin (DOGE) parce que ces deux cryptomonnaies partagent la même fonction de hachage. Si vous voulez miner du bitcoin, de l'ether et du litecoin, il vous faudra donc acheter trois machines différentes.

Autre possibilité : acheter des cartes graphiques. Ces cartes sont similaires à celles utilisées par les pros du jeu vidéo. Elles coûtent plusieurs centaines d'euros, un prix qui varie en fonction de leurs performances. Les nouvelles cartes graphiques, plus puissantes que les précédentes, se sont retrouvées par le passé en rupture de stock.

Pour obtenir plus de puissance, il est possible d'agglomérer ces cartes graphiques afin de créer un rig*, c'est-à-dire une installation de minage. Plus esthétiques que les *antminers*, ces rigs sont parfois agrémentés de jolies lampes LED qui donnent un aspect fantasmagorique à l'ensemble.

Les leaders de ce marché sont les sociétés Nvidia, AMD et Asus.

¬ Est-ce une activité rentable ?

Les mineurs ne travaillent pas gratuitement. En contrepartie des calculs informatiques réalisés par leurs machines pour valider les transactions et créer de nouveaux bitcoins, ils reçoivent une récompense financière, matérialisée en monnaie virtuelle. Ce sont les utilisateurs de cryptomonnaies qui paient cette récompense aux mineurs, via les frais de transaction imposés lors de chaque échange de devise. Selon une étude diligentée par l'Université de Cambridge, les revenus mondiaux issus du minage dépassaient les 2 milliards de dollars en 2016.

Cela ne veut pas dire que tous les mineurs gagnent de l'argent. Ils doivent en effet d'abord investir dans leur matériel avant d'espérer rentrer dans leurs frais.

Outre ces coûts de départ incompressibles, différents paramètres influencent la rentabilité (éventuelle) de l'opération :

A. La concurrence

Le choix de la monnaie virtuelle a son importance. Si le bitcoin est la cryptodevise la plus utilisée dans le monde, c'est aussi celle qui attire le plus de concurrence. Il faut savoir que le processus de minage résulte d'une compétition féroce entre mineurs pour se procurer une part du gâteau. Ce « gâteau » est la récompense octroyée aux mineurs pour leurs bons et loyaux services. Elle est versée sous forme de bitcoins. Actuellement, toutes les 10 minutes, une somme de 12,5 bitcoins est versée aux mineurs les plus « efficaces ».

Pour départager les concurrents, une « énigme » est proposée par le réseau. Rassurez-vous : pas la peine d'être Sherlock Holmes pour la résoudre. L'énigme en question est beaucoup plus basique qu'une enquête policière : il s'agit de trouver une clé secrète constituée d'une suite aléatoire de chiffres et de lettres. Le premier à résoudre l'énigme reçoit 12,5 bitcoins. Toutes les machines des mineurs tournent en permanence à plein régime pour trouver au plus vite la bonne réponse, en essayant toutes les combinaisons possibles, les unes après les autres.

On peut donc assimiler ce processus à une gigantesque loterie connectée. Sauf qu'il est possible d'augmenter statistiquement ses chances de toucher le gros lot. Pour avoir une meilleure probabilité de trouver la solution et de décrocher la timbale avant les autres, les mineurs ont en effet développé une série de stratagèmes :

1. **Un matériel surpuissant.** Les mineurs achètent du matériel « professionnel ». Sur son site Internet, Bitmain vante les mérites de sa dernière machine, censée être la plus efficace au monde. Sous-entendu : grâce à ses performances, elle résout les énigmes plus vite que son ombre et augmente les chances de toucher la récompense. Forcément, elle est aussi plus chère que les autres. Et plus demandée. Une course à l'équipement le plus costaud se met donc en place.
2. **Un travail en équipe.** Les mineurs ne travaillent pas seuls, mais en équipe (appelée *pool*). Rejoindre un *pool* permet de mettre en commun les puissances de calcul des machines et de se répartir ensuite les gains. Des plateformes professionnelles se sont développées afin de réunir des équipes de mineurs. Le fabricant chinois Bitmain a lui-même créé ses propres *pools*, qui réuniraient, selon certaines estimations, 30 % de la capacité totale de minage de bitcoin.

Le problème de ces plateformes « collaboratives » en ligne est qu'elles prélèvent une commission de quelques pourcents sur les récompenses en bitcoins. Mais elles sont un passage obligé pour les mineurs qui veulent rentabiliser leur investissement. Un mineur seul a peu de chances de toucher le jackpot : il ne ramassera que quelques miettes de bitcoin. Les mineurs doivent donc s'associer.

D'autres mineurs mettent leurs machines (physiquement) en commun. C'est ce qu'ont fait une dizaine d'investisseurs réunis dans un collectif, dont fait partie l'entrepreneur liégeois Stephan Pire. Celui-ci a élaboré un rig*, une machine impressionnante qui peut accueillir une vingtaine de cartes graphiques détenues par des personnes différentes mais tournant à l'unisson pour créer du zcash (ZEC), une monnaie virtuelle alternative. Ce rig, qui a coûté environ 7 500 euros, est lui-même connecté en ligne à un *pool* de mineurs beaucoup plus large (en l'occurrence Nanopool, qui compte à ce jour 18 000 mineurs de zcash) afin de maximiser les chances de toucher les fameuses récompenses.

3. **Les fermes à bitcoins.** Des entreprises professionnelles de minage ont vu le jour un peu partout dans le monde. Ces sociétés spécialisées empilent les machines de minage dans de grands entrepôts. Appelées « fermes de minage », ces installations ressemblent à des centres de données comme en possèdent les grandes entreprises du numérique. La Chine s'est fait une spécialité de ces fermes d'un nouveau genre.
4. **Des monnaies alternatives au bitcoin.** Le dernier stratagème des mineurs est de se diriger vers d'autres monnaies virtuelles, où la concurrence est moins forte. C'est cependant une arme à double tranchant : comme les volumes des transactions sont moins importants sur des devises comme le litecoin (LTC) ou le dash, le gâteau à partager y est plus petit. Par ailleurs, vu la saturation du marché du côté du bitcoin, de plus en plus de mineurs boudent la monnaie star et optent pour d'autres cryptomonnaies, ce qui augmente mécaniquement la concurrence sur ces devises alternatives.

B. La facture d'électricité

C'est l'un des dommages collatéraux de la création de bitcoins. Les machines à miner consomment une énergie folle. Elles peuvent atteindre une température de 80 °C ! Avec quelques machines, vous pouvez facilement chauffer une grande salle à manger. Par contre, il faut s'habituer au bruit d'enfer que produisent les ventilateurs servant à refroidir les circuits internes pour éviter les risques d'incendie.

Conséquence immédiate de cette folle production d'énergie : la facture d'électricité explose. « Chaque machine que je possède représente un coût d'environ 80 euros par mois », témoigne Christophe, un entrepreneur hyperactif, qui a acheté cinq machines de minage avec sa société Vigo Creative.

La Belgique comme la France n'étant pas réputées pour leur énergie bon marché, le minage de bitcoin y est moins rentable que dans d'autres contrées. On trouve proportionnellement beaucoup plus de mineurs de bitcoin en Chine, où l'énergie produite essentiellement par des centrales à charbon est peu chère. Des fermes de minage ont également vu le jour en Islande, où la géothermie fournit une énergie bon marché et où les températures basses refroidissent les machines.

c. Le cours du bitcoin

La rentabilité de l'opération dépend enfin de l'évolution du cours de la monnaie virtuelle, qui fait office de rémunération pour les mineurs. Plus le cours baisse, plus l'équilibre s'éloigne. Fin 2017, lorsque le cours du bitcoin explose, Christophe, notre mineur-entrepreneur, pense atteindre son seuil de rentabilité en quatre mois à peine. Quelques semaines plus tard, l'effondrement des cours éloigne son objectif de six mois supplémentaires. Cela fait maintenant quelques mois que Christophe a arrêté son activité de minage, depuis que les frais de consommation d'électricité ont dépassé les gains en production de bitcoins.

Même constat pour Frédéric, qui s'est lancé dans le minage de cryptomonnaies en 2017. Ce consultant informatique, mineur à ses heures perdues, s'est amusé à faire un calcul de rentabilité pour l'exploitation d'une « machine à bitcoins » modèle S9 fabriquée par Bitmain (prix d'achat : environ 3000 euros). En mars 2018, il nous livre sa conclusion : « Cette machine rapporte actuellement 0,001 bitcoin (soit environ 8 euros) par tranche de 24 heures et consomme l'équivalent de 2,3 euros d'électricité par jour. À cours constant, son achat est donc théoriquement amorti en 600 jours ! » Recontacté en janvier 2019, Frédéric m'avoue avoir éteint ses machines depuis près de six mois : le coût de leur consommation électrique dépassait en effet largement les revenus générés.

Vu la volatilité du cours des cryptomonnaies, ce calcul reste fortement aléatoire : « La rentabilité d'une activité de minage n'est jamais garantie, complète Stephan Pire. Une installation branchée sur un réseau belge d'électricité coûte entre 20 et 22 cents du kW. Notre rig nous coûte environ 1000 euros par mois en électricité. Si le cours descend trop, il va falloir trouver une alternative. »

En novembre 2018, la chute monumentale du cours du bitcoin a carrément condamné toute perspective de rentabilité pour de nombreux mineurs, à commencer par ceux qui possédaient le matériel le plus ancien (et donc le moins performant). Le coût énergétique était tout simplement plus élevé que la valeur des bitcoins produits ! Pour éviter de perdre de l'argent bêtement, énormément de mineurs ont tout simplement débranché leur installation. Fin novembre, le patron de F2Pool, la deuxième plus grande ferme de minage au monde, située en Chine, a estimé que 800 000 machines avaient été mises à l'arrêt !

L'opération ne peut donc être intéressante que si le mineur trouve une solution pour payer son énergie moins cher ou s'il est persuadé que les bitcoins qu'il récupère vaudront à l'avenir beaucoup plus. Ce qui équivaut à parier sur une hausse (hypothétique) des cours.

Mais dans ce dernier cas, il vaut peut-être mieux tout simplement acheter des bitcoins et espérer qu'ils prennent de la valeur. Cela vous épargnera l'achat de cet appareillage coûteux.

¬ Le cloud mining est-il une arnaque ?

De nombreux sites vantant des rendements mirifiques grâce à des placements dans le bitcoin et les cryptomonnaies sont de véritables arnaques (chapitre 14). Ils ne servent qu'à attirer les investisseurs inconscients, qui se font détrousser et ne revoient jamais la couleur de leur argent.

La FSMA en Belgique et l'AMF en France étoffent régulièrement sur leurs sites la liste (non exhaustive) des crypto-*officines* qu'il faut absolument éviter. Ces sites frauduleux proposent toute une série de possibilités de placements en cryptomonnaies, mais aussi des plans de *cloud mining*. Tous ces plans répertoriés par le régulateur financier sont évidemment des arnaques.

Qu'en est-il des autres sites, non repris dans la liste ?

En théorie, le *cloud mining* semble avoir du sens. Le principe est de mettre en commun de la puissance de calcul pour participer au minage de bitcoin.

Cependant, comme nous l'avons expliqué plus haut, les mineurs les plus aguerris disposent de matériel informatique puissant pour parvenir à résoudre les opérations avant les autres et prétendre à une récompense en bitcoins. Difficile d'imaginer qu'avec un simple ordinateur personnel, et encore moins avec une tablette ou un smartphone comme certains sites le proposent, il soit possible d'être réellement performant sur ce marché.

Mon expérience personnelle me laisse franchement dubitatif pour plusieurs raisons :

— Je n'ai signé aucun contrat avec le site sur lequel je me suis inscrit.
— Lorsque j'ai voulu retirer mes premiers bitcoins « minés », le site me l'a interdit, sous prétexte que je n'avais pas atteint

un seuil minimum (0,01 BTC). J'ignorais tout de cette clause, puisque je n'avais signé aucun contrat.

— J'ai branché sur ce plan de minage un ordinateur assez ancien, qui paraît peu compétitif par rapport au matériel professionnel dont disposent la plupart des mineurs.

— Je ne savais rien du *pool* de mineurs que j'avais rejoint, ni de ce que je lui apportais en termes de capacités informatiques. Je ne savais rien des règles de répartition des récompenses entre mineurs du *pool*. Je n'avais donc aucune vue sur ce que je pouvais imaginer gagner avec ce plan de minage.

— En une semaine, j'ai touché l'équivalent de 4,68 dollars en bitcoins. Il me faudrait plus d'un an pour récupérer les 250 euros placés dans cette opération.

— Quelques mois après mon inscription sur le site, je suis parvenu à récupérer une partie des (fractions de) bitcoins générés par mon plan de minage. Mais l'ordinateur sur lequel je l'avais branché au départ ayant été déconnecté pendant une longue période, j'ai des doutes sur le fait que ces bitcoins aient réellement été « minés » par mon PC.

— Finalement, j'ai simplement l'impression d'avoir avancé de l'argent à un site Internet, sans savoir si j'aurais un jour l'occasion de le récupérer intégralement et encore moins de rentabiliser mon investissement initial.

NOS CONSEILS :

1. **Faites vos comptes.** Le minage de bitcoin est une activité essentielle, qui permet de faire tourner le marché des cryptomonnaies. Certains y ont vu un nouvel eldorado. Mais ils ont probablement été aveuglés par l'envolée spectaculaire du cours du bitcoin fin 2017. Dans un marché en récession, il est beaucoup plus difficile d'accéder à la rentabilité. Beaucoup de mineurs cherchent aujourd'hui à revendre leur matériel, qui ne leur rapporte plus grand-chose. Faites vos calculs au préalable avant d'investir des sommes trop importantes dans ce matériel informatique très gourmand en énergie.
2. **Évitez le *cloud mining*,** c'est une activité extrêmement risquée.

¬ Le minage est-il un scandale écologique ?

Le processus de création de bitcoins mobilise des capacités informatiques considérables. La « course à l'échalote » perpétuelle pour toucher les récompenses en bitcoins pousse les mineurs à acheter du matériel toujours plus puissant. Lors des périodes fastes de hausse des cours, les opérations se multiplient et les apprentis mineurs sont toujours plus nombreux à s'engager sur le marché.

Cela engendre une concurrence exacerbée pour résoudre de simples calculs mathématiques, avec des machines hors normes qui moulinent en permanence, consommant énormément d'électricité. Seuls les mineurs les plus efficaces touchent la récompense promise. Cela signifie que les machines des autres ont tourné dans le vide !

D'après le site spécialisé Digiconomist (chiffres de novembre 2018), le bitcoin consomme à lui seul environ 73 TWh (térawatt-heures) par an, ce qui équivaut à la consommation annuelle d'électricité d'un pays comme l'Autriche ! Une étude récente de l'Université d'Hawaï estime que le bitcoin a provoqué l'émission de 69 millions de tonnes de CO_2 dans l'atmosphère en 2017. Si la cryptomonnaie venait à être massivement adoptée, elle pourrait être responsable d'une hausse de 2 °C sur la surface de la planète, conclut la même étude !

Ces scénarios alarmistes sont contredits par la communauté des défenseurs du bitcoin. Ces derniers mettent en avant la consommation d'électricité générée globalement par Internet, afin de relativiser l'impact écologique du bitcoin. Le stockage en ligne, les datacenters, la vidéo en streaming sont d'énormes sources de consommation d'énergie. D'après un rapport de Greenpeace datant de 2017, le secteur informatique consomme 7 % de l'électricité mondiale. Le bitcoin ne serait qu'une goutte d'eau dans cet océan.

Les défenseurs du bitcoin estiment également qu'il faut comparer la cryptomonnaie aux actifs traditionnels pour se faire une véritable idée de son impact écologique. Le bilan énergétique du cash (impression de pièces et de billets, transport, sécurisation) pourrait s'avérer plus important qu'on ne l'imagine. Les cryptoaddicts aiment aussi comparer le bitcoin à l'or, dont le processus extractif provoque également des émissions importantes de gaz à effet de serre. Mais une récente étude publiée par la revue Nature Sustainability vient quelque peu affaiblir cet argument. Selon les chercheurs de l'Oak Ridge Institute for Science and Education, dans l'Ohio, la production de bitcoins est trois fois plus énergivore que l'extraction d'or.

Une chose est sûre : le processus de minage de bitcoin est énergivore. Les développeurs responsables de l'infrastructure informatique du bitcoin et des différentes cryptomonnaies sont conscients de cette problématique. Les spécialistes du secteur planchent sur une solution permettant d'optimiser la consommation énergétique des cryptomonnaies. Pour le bitcoin, une partie de la solution réside dans le *Lightning Network**, une interface technique qui pourrait permettre à l'avenir de diminuer le nombre de transactions à valider par les mineurs.

Une autre solution mise en avant par les mineurs concerne la source d'énergie utilisée pour l'activité de minage. Les appareils (*antminers* ou autres) branchés sur le réseau classique d'électricité consomment majoritairement de l'énergie non renouvelable, provenant des centrales nucléaires, centrales à charbon, centrales au gaz, etc. Le « plan » de certains mineurs est de se rapprocher de sources d'énergie renouvelable pour miner à loisir sans polluer. C'est ainsi que de grandes installations les fermes de minage se sont installées en Islande, à proximité de sources géothermiques. D'autres se connectent à des centrales hydroélectriques.

En Belgique, la start-up liégeoise NR Mine a trouvé une ruse intéressante : elle récupère les excédents d'énergie dégagés par les panneaux photovoltaïques ou l'énergie hydraulique pour miner à moindres frais.

Chapitre 13.

ICO, les levées de fonds en cryptomonnaies

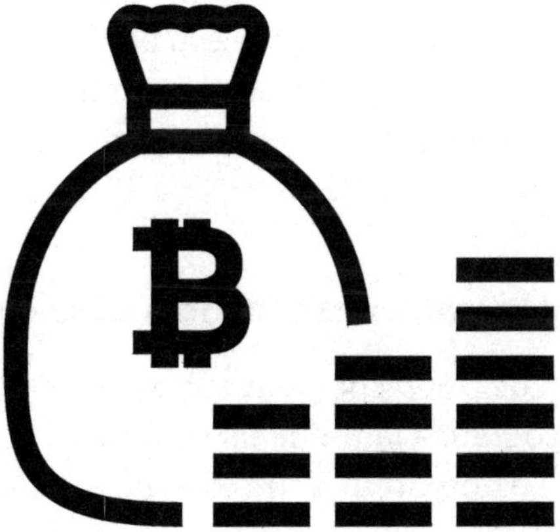

¬ Qu'est-ce qu'une ICO ?

Une Initial coin offering (ICO)* est une levée de fonds d'un nouveau genre pour les start-ups.

Sa terminologie est inspirée de l'Initial public offering (IPO), ou entrée en bourse, à l'occasion de laquelle une entreprise va solliciter des capitaux auprès des investisseurs.

Dans le cas de l'ICO, l'objectif est identique : il s'agit pour la start-up de réunir des fonds pour se financer. Mais les modalités ne sont pas du tout les mêmes.

Une IPO est un processus relativement lourd et très encadré par les régulateurs du secteur financier. Une ICO est un processus relativement simple à mettre en place, qui ne fait pour l'instant l'objet d'aucune espèce de régulation. Elle est généralement précédée d'un simple *whitepaper** (livre blanc) qui détaille notamment le projet porté par la start-up.

Réalisée entièrement en ligne, une ICO est caractérisée par l'émission de *tokens**, des cryptoactifs numériques représentant en quelque sorte la valeur de la start-up. Ces *tokens* (jetons) peuvent être achetés via des monnaies virtuelles bien établies comme le bitcoin ou l'ether.

Certaines plateformes d'échange de cryptomonnaies permettent d'acheter les *tokens* de jeunes pousses qui ont décidé de lancer une ICO.

¬ Un *token* n'est pas une action

Les *tokens* ne peuvent pas être comparés à des actions de la société à laquelle ils sont liés.

Le détenteur d'un jeton ne possède pas de parts dans l'entreprise. Sauf si le *whitepaper** de l'ICO le prévoit explicitement, un jeton ne donne pas de droit de vote à l'investisseur qui le possède.

Certains *tokens*, appelés *utility tokens*, offrent cependant des « avantages » à leurs détenteurs. Une start-up peut ainsi prévoir que ses *tokens* serviront à l'avenir à acheter des biens ou des services qu'elle développera.

Par exemple, le projet Enjin, dans lequel j'ai investi, a pour objectif de créer une plateforme de jeux vidéo en ligne. Sur cette plateforme, tous les achats (jeux, extensions, personnages, armes, etc.) se feront avec de l'enjin (ENJ). Ce *token* a dans ce cas une « utilité », qui peut être considérée comme une contrepartie à l'investissement initial.

¬ Une ICO n'est pas une levée de fonds classique

Il faut distinguer l'ICO d'une levée de fonds « traditionnelle », réalisée auprès d'un ou de plusieurs investisseurs privés, business angels ou fonds d'investissement. Lorsqu'ils financent une start-up, ceux-ci prennent une participation dans celle-ci. Si cette participation est conséquente, un représentant de l'investisseur siégera dans les organes de la société (au conseil d'administration généralement).

Par contre, l'investisseur prenant part à une ICO n'a en principe rien à dire sur le pilotage de la société. « Le propriétaire du *token* n'est pas actionnaire, décode Étienne Wery, avocat spécialisé en droit des technologies chez Ulys. Il est créancier de l'entreprise. » Il existe néanmoins certains cas particuliers, plutôt rares, dans lesquels une ICO prévoit des droits spécifiques pour les propriétaires de *tokens*, qui leur donneraient en pratique des pouvoirs similaires à ceux d'un actionnaire, précise l'avocat.

Quels types de start-ups ?

L'ICO est une forme de financement majoritairement utilisée par les start-ups actives dans le secteur de la *blockchain* et des cryptomonnaies. Ces start-ups ont l'avantage d'être en contact direct avec des détenteurs de portefeuilles de cryptomonnaies et des investisseurs qui connaissent et comprennent l'environnement complexe de la *blockchain*.

Ces opérations concernent de jeunes sociétés, qui n'ont parfois qu'un prototype ou même un simple projet à présenter. Et pourtant, elles parviennent régulièrement à lever des sommes à faire pâlir d'envie le petit monde des start-ups.

Quels montants ?

Pour un premier investissement « traditionnel » auprès d'un *business angel* ou d'un fonds, les start-ups peuvent rarement espérer lever des montants supérieurs au million d'euros. Or, dans le domaine des ICO, les plafonds semblent nettement plus élevés. En 2017, les montants levés via des ICO ont même dépassé les montants levés en early stage (amorçage) auprès des acteurs traditionnels, business angels et fonds de venture capital !

En 2017, une véritable fièvre des ICO s'est emparée du monde de la *blockchain*. Le nombre d'ICO, tout comme les montants levés, a véritablement explosé, suivant la courbe exponentielle du cours du bitcoin.

En 2018, le site spécialisé CoinSchedule a répertorié plus de 1000 ICO. C'est le double du précédent record établi en 2017. Sur l'ensemble de l'année 2018, plus de 21 milliards de dollars ont été levés via cette forme alternative de financement, soit trois fois plus qu'en 2017 ! La plupart des projets se sont concentrés sur les six premiers mois de 2018. Un certain ralentissement s'est marqué à partir de la moitié de l'année, rejoignant la déprime rencontrée par le marché des cryptos.

Certaines ICO ont attiré plusieurs centaines de millions de dollars d'investissements. C'est le cas de Filecoin, qui est parvenue à recueillir 205 millions de dollars en 2017. Comme d'autres avant elle, la start-up a réalisé, juste avant son ICO, un premier tour de table auprès d'investisseurs établis comme Sequoia Capital (YouTube, Dropbox, Instagram, WhatsApp, etc.) ou Andreessen Horowitz (Skype, Zynga, Foursquare, etc.), permettant de réunir 52 millions de dollars. Soit un total de 257 millions de dollars pour cette société spécialisée dans le stockage de données.

¬ Quels investisseurs ?

Les investisseurs sont recrutés en ligne.

Dans certains cas, il peut s'agir de fonds d'investissement professionnels, qui accompagnent le développement d'un projet via un investissement classique, combiné à une ICO.

Mais dans la plupart des cas, il s'agit de particuliers qui investissent des sommes relativement modestes dans le projet. Ce sont parfois des investisseurs aguerris. Mais il s'agit aussi bien souvent de débutants ou d'amateurs qui ne connaissent pas grand-chose au projet développé par la start-up. Comme dans le cas de « simples » investissements dans le bitcoin ou d'autres cryptomonnaies, ils espèrent réaliser un gain facile en revendant rapidement leurs *tokens*, dès qu'ils ont été émis et qu'ils prennent un peu de valeur.

Le processus de l'ICO prend un certain temps (c'est d'ailleurs la raison pour laquelle je n'ai pas eu l'occasion d'y participer). Il faut généralement s'inscrire à l'avance (plusieurs semaines, voire plusieurs mois) sur le site de la start-up afin de pouvoir prendre part à l'achat des premiers *tokens*.

En s'y prenant suffisamment à temps, les premiers investisseurs bénéficient de tarifs préférentiels sur les premiers jetons émis. Cela suffit pour attirer la convoitise de certains investisseurs, qui ont simplement l'intention de spéculer sur la valeur du *token* pour faire une bonne affaire.

Malheureusement, certains processus d'ICO n'aboutissent jamais et les jetons ne sont jamais créés ou ne sont jamais rendus disponibles sur une plateforme d'échange. L'investissement initial, par contre, est bel et bien perdu.

¬ Est-ce une bulle ?

C'est ainsi que l'a qualifiée Vitalik Buterin, le fondateur d'ethereum, la cryptomonnaie la plus répandue après le bitcoin. « C'est la nouvelle ruée vers l'or », confirme Sébastien Arbogast, cofondateur de ChainSkills. Formateur et conférencier sur la *blockchain*, ce spécialiste a investi lui-même dans certaines ICO. Mais il recommande la prudence : « Beaucoup d'ICO portent sur des projets qui n'ont aucune vraie valeur. Certaines ne prennent même pas la peine d'écrire un livre blanc pour informer les investisseurs. Personnellement, je n'investis que dans des projets qui présentent un prototype qui fonctionne, et qui dévoilent leurs lignes de code. Si rien n'a encore été mis en production, c'est trop risqué. »

¬ Est-ce une arnaque ?

Le risque, comme dans tout type d'investissement, c'est évidemment de perdre tout ou partie de sa mise. Les cryptomonnaies sont caractérisées par une forte volatilité. C'est aussi le cas des tokens (actifs numériques) émis lors des ICO.

Par ailleurs, de nombreuses ICO se sont révélées être des arnaques. La technique classique est celle de l'*exit scam**. Un pseudo-entrepreneur crée un pseudo-projet lié de près ou de loin à la *blockchain*. Il rédige à la va-vite un *whitepaper* bidon (mieux encore : il le fait rédiger par une des nombreuses officines douteuses prêtes à faire ce boulot). Il lance son *token* auprès du public, à grand renfort de campagnes marketing sur les réseaux sociaux. Une fois que les investisseurs ont acheté ses *tokens* et qu'il dispose de suffisamment d'argent frais, le pseudo-entrepreneur ferme la boutique et disparaît avec la caisse.

Selon une étude du consultant spécialisé Satis Group citée par Bloomberg, pas moins de 4 ICO sur 5 lancées en 2017 étaient des arnaques !

¬ Quelle régulation ?

Difficile de savoir quel type de réglementation est applicable à l'ICO. Elle ne peut être comparée à une IPO ni à une levée de fonds. Certaines caractéristiques font penser aux campagnes de *crowdfunding*, mais les mécanismes ne sont pas identiques.

L'ICO semble donc échapper pour le moment à tout cadre réglementaire.

Du côté de la FSMA (équivalent de l'AMF en France), une mise en garde a été publiée fin 2017 à l'attention des consommateurs : « Selon leurs caractéristiques, les ICO peuvent échapper à tout cadre juridique. Dans beaucoup de cas, le consommateur/investisseur ne bénéficie donc d'aucune protection », pointe le gendarme financier.

La FSMA déconseille ce type d'investissement et avertit le consommateur qu'il court des risques non négligeables d'être victime d'une escroquerie.

NOTRE CONSEIL :

Évitez d'investir dans des ICO. Le nombre trop élevé d'arnaques en fait un véhicule d'investissement extrêmement risqué. Seule une régulation de cette forme particulière de levée de fonds pourrait mettre de l'ordre dans les ICO.

Chapitre 14.

Gare aux arnaques au bitcoin

« Qui parmi vous a des rêves ? » Quelques mains se lèvent timidement. « Qui veut gagner plus d'argent ? » Des centaines de bras s'agitent, les premiers applaudissements retentissent. « Oui, c'est pour ça que vous êtes ici », sourit Jason Tyne d'un air entendu. La scène se passe le 21 février 2017 à Bruxelles, au centre de conférences MCE, à deux pas de la place du Châtelain. L'événement, qui rassemble près de 500 personnes, est le premier Cryptocurrency Investor Summit, le sommet des investisseurs en cryptomonnaies.

L'Américain Jason Tyne, qui harangue la foule, répétant deux fois chaque phrase pour être sûr de se faire comprendre d'un public hétéroclite et largement francophone, est le représentant de Success Ressources, une société spécialisée dans l'organisation d'événements : « Notre mission est de changer la vie des gens à travers l'éducation », m'explique-t-il. Rien que ça.

Durant toute la journée, les orateurs se succèdent, avec des discours de plus en plus orientés. Jason Tyne se charge d'une introduction sommaire sur les cryptomonnaies, présentées comme le nouveau pétrole de notre société. Message subliminal : c'est le moment ou jamais d'investir dans les devises virtuelles. « Aujourd'hui, c'est le jour des… ? » « …Opportunités ! », répond la salle en chœur.

Je saisis au vol le premier participant qui quitte la conférence, après une heure de discours enflammés : « C'est louche, ça me fait penser à la scientologie », nous glisse ce quinquagénaire déçu, qui pensait recevoir des informations précises sur les monnaies virtuelles.

S'il était resté, cet investisseur amateur aurait appris qu'en prenant les bonnes décisions, un portefeuille de cryptomonnaies peut générer un rendement de 2 000 % en trois mois. Il aurait également découvert le parcours touchant d'un des orateurs, qui était au chômage avant de découvrir le bitcoin et de gagner son premier million de dollars ! Plus c'est gros, mieux ça passe.

Surtout, il aurait pu investir dans les différents produits proposés par les représentants de Success Ressources au cours de cet événement gratuit, que les organisateurs ont bien décidé de rentabiliser grâce à un *merchandising* parfaitement huilé.

Le produit phare de la journée n'est autre que le success coin. Au moment de la conférence, ce jeton virtuel (*token*) n'existe pas encore réellement : il ne figure sur aucune plateforme d'échange. Mais cet actif numérique servira à financer la future ICO* (« Initial coin offering » ou levée de fonds en monnaie virtuelle) du projet SuccessLife. Le tout grâce aux généreux dons des participants au Cryptocurrency Investor Summit.

La société espère lever jusqu'à 50 millions de dollars pour accélérer le développement de « la première plateforme globale dédiée au développement personnel ». Y figureront notamment les captations des différentes conférences organisées partout dans le monde par Success Ressources.

Je ne parviens pas à percevoir l'intérêt de cette plateforme. Mais je constate que près de la moitié des participants à l'événement se ruent vers les *success coins*. C'est une affaire, assurent les organisateurs : ils sont proposés au prix plancher d'un dollar pièce ! « J'en ai pris pour 100 dollars, m'explique Nicolas, un jeune investisseur. Mais j'ai l'impression que la plupart des gens prenaient le package à 1 000 dollars. » Bien organisée, la société américaine dispose d'un terminal de paiement et accepte les cartes de crédit.

Le public se voit également proposer des formations aux investissements en cryptomonnaies, organisées à Londres, au tarif « promotionnel » de 1 000 euros pour quatre séminaires. Les participants peuvent aussi investir dans le minage de bitcoin (chapitre 12) via la société Genesis Mining, qui propose sur son site des programmes démarrant à 530 dollars sur deux ans. Sans oublier l'affiliation au Bitcoin Mentor Club, un cercle très select qui permettrait d'obtenir des tuyaux en or sur les placements en cryptomonnaies. Dont coût : 2 000 euros pour deux ans.

Pour attirer le public à son étrange et lucrative conférence, la société américaine a misé massivement sur la publicité en ligne. Notamment sur Facebook, juste avant que le réseau social ne bannisse les publicités pour le bitcoin, en raison des nombreuses arnaques, aussi appelées *scams**, qui y sont associées.

Dans la foulée de l'explosion du cours du bitcoin en 2017, les sollicitations en ligne se sont en effet multipliées autour de pseudo-conseils en placements proposés par des intermédiaires véreux. Une simple recherche sur le terme « bitcoin » suffit pour déclencher une déferlante de propositions d'investissements en tous genres, plus douteuses les unes que les autres.

Intrigué par les curieuses organisations qui proposent leurs services en ligne, je contacte l'une d'entre elles : CryptoAllDay, qui se présente sur son site comme le « Wall Street du bitcoin ».

Un certain Steven Wilson m'appelle. Et il n'y va pas par quatre chemins : « Je viens de consulter mes "top analystes" : d'ici fin 2019, le cours du bitcoin atteindra 50 000 dollars. » En gros, il promet de quintupler mes investissements en un an et demi. Il me propose d'ouvrir immédiatement un compte auprès de sa société, basée à Londres, qui s'occupera des opérations de *trading*. Son conseil : placer au moins 10 000 dollars, afin de profiter à plein de ce qu'il appelle un « effet de levier ».

Steven Wilson insiste ensuite pour que je choisisse une option de paiement : virement ou carte bancaire. Méfiant, je demande quelques garanties sur la légitimité des activités de son organisation et exige qu'il m'envoie les documents à signer. La réponse fuse : « Il n'y a pas de contrat à signer. C'est ça, le monde des cryptos. »

Je ne donnerai pas suite à ces propositions.

En pratique, comment ça marche ?

Comment fonctionnent les arnaques au bitcoin ?

Ne vous attendez pas à des méthodes extrêmement sophistiquées. Les plateformes frauduleuses utilisent un levier bien connu : l'appât du gain. Elles fonctionnent sur le même principe que les faux revendeurs de diamants ou d'options binaires.

Les arnaqueurs happent leur victime avec de fausses promesses de gain facile. Cela peut se faire via de l'*e-mailing* (*phishing*), via des liens sponsorisés sur les réseaux sociaux (Facebook, Twitter) ou sur le moteur de recherche Google.

Une fois que l'apprenti investisseur est ferré, les cryptobandits communiquent par mail ou par téléphone au sujet de leurs produits soi-disant miracles. Leur objectif est de convaincre la victime de faire un premier versement. Si la victime se laisse convaincre, elle reçoit ensuite un (faux) monitoring de ses placements. Le site peut envoyer de jolis tableaux censés démontrer que les investissements fructifient, ou même donner accès à une (fausse) plateforme permettant de voir en direct l'évolution de son portefeuille.

Les choses se gâtent le jour où l'investisseur amateur souhaite récupérer ses billes. Tout devient alors beaucoup plus compliqué. Les arnaqueurs tentent généralement à cette occasion de convaincre la victime de faire un nouveau placement, encore plus lucratif.

Si le « client » insiste, la plateforme cesse tout simplement de répondre. La victime se retrouve démunie, ne disposant pas de moyens de pression pour récupérer l'argent investi via un site totalement illégal, dont les animateurs se révèlent injoignables et insaisissables.

En Belgique, la FSMA a reçu plus de 300 plaintes en 2018 concernant des arnaques aux cryptomonnaies. Plus de 100 victimes ont été identifiées, pour un préjudice total de 4,5 millions d'euros. Selon la FSMA, ce n'est que le sommet de l'iceberg, vu que la plupart des victimes ne portent jamais plainte. « Les cryptos, c'est 99 % d'arnaques », me résume un investisseur aguerri. Vous voilà prévenus.

NOS CONSEILS POUR REPÉRER LES ARNAQUES :

1. **Méfiez-vous des faux conseillers.** Ces sites Internet cachent des activités frauduleuses de conseil en crypto-investissement. Ces sites Internet se cachent derrière de fausses activités de conseil en cryptoinvestissement. Le secteur des cryptomonnaies n'étant pas régulé, ce genre d'activité est en réalité pratiquée sous le manteau. Aucune officine ayant pignon sur rue ne délivre ce genre de conseil.
2. **Méfiez-vous des offres (trop) alléchantes.** Ces plateformes présentent des performances totalement délirantes. Certaines assurent être capables de doubler ou tripler votre capital de départ en quelques mois. Une autre prétend que « 99 % de nos *trades* sont profitables ». Une autre encore propose un « livret à taux fixe » qui est même « garanti sans risque ». Tout cela est évidemment parfaitement impossible. Aucun placement n'est garanti et les recettes miracles n'existent pas.

3. **Lisez les conditions générales.** Elles sont souvent fantaisistes. Et parfois très amusantes. Comme ce site qui prévoit dans son chef une exonération de responsabilité en cas de « perte de Bitcoin par le système, de quelque manière que ce soit, y compris par le fait de détournement du système par des *hackers* » (*sic*). Ou cet autre site qui prévoit que « les obligations Good Crypto qui versent un revenu fixe minimum au coefficient de 1,09 permettent aux investisseurs de se prémunir contre les risques de récession économique ou de déflation » (*sic*). Habituellement, les conditions générales sont issues d'opérations de copier-coller ou de l'imagination de leur rédacteur.
4. **Consultez le site de la FSMA.** Le régulateur du secteur financier a établi une liste de sites Internet sur lesquels planent des soupçons de fraude. La liste, régulièrement mise à jour, comptait plus d'une centaine de sites en janvier 2019. L'AMF, équivalent français de la FSMA, a également établi une « liste noire » de sites proposant des cryptoactifs. La liste la plus complète est alimentée par le forum français spécialisé CryptoFR, qui recense plus de 300 sites louches.

   La FSMA a également mis sur pied une campagne de sensibilisation (« Trop beau pour être vrai »), qui attire l'attention des consommateurs sur les arnaques liées aux cryptomonnaies.

¬ Le conseil en cryptomonnaie peut-il devenir une activité légitime ?

Pour l'instant, force est de constater que le terrain est bien occupé par les sites douteux.

Cela ne veut pas dire que les choses n'évolueront pas dans le futur. Une certaine régulation des cryptomonnaies pourrait progressivement apparaître et favoriser l'apparition de nouveaux intermédiaires et conseillers en investissement.

Ces dernières années, des fonds d'investissement spécialisés dans les cryptomonnaies sont apparus sur le marché. D'après le site spécialisé Crypto Fund Research, plus de 600 fonds de ce type gèrent des actifs pour un montant total supérieur à 7 milliards de dollars. Toujours selon la même source, pas moins de 200 fonds cryptos ont vu le jour en 2018. Ces fonds se destinent à des clients aisés, qui ont des sommes importantes à placer dans les cryptomonnaies. Ils ne cherchent pas sur Internet des investisseurs amateurs qui veulent faire de petits placements.

Certaines banques s'intéressent également aux investissements dans les produits cryptos. C'est le cas de Goldman Sachs, qui a annoncé (puis reporté à une date ultérieure) la création d'un comptoir spécialisé dans le *trading* de produits liés aux cryptomonnaies. En tout état de cause, les premières offres de placements en actifs cryptos qui pourraient être proposées par des banques ne concerneront pas l'investisseur lambda.

NOS CONSEILS AUX VICTIMES D'UNE ARNAQUE :

1. **Signalez-vous auprès de la FSMA.** L'autorité de régulation du secteur financier peut instruire votre plainte et enquêter sur la plateforme que vous aurez signalée. La FSMA met également à jour une liste de sites potentiellement frauduleux. Votre signalement peut donc servir à d'autres victimes potentielles.

2. **Portez plainte auprès de la police.** Les services de police sont compétents pour recueillir toute plainte de victime, notamment d'arnaque financière. De nombreuses victimes hésitent malheureusement à porter plainte, estimant qu'elles n'ont aucune chance d'obtenir gain de cause. De nombreux dossiers passent ainsi complètement sous le radar des autorités (le ministre Kris Peeters, en charge des consommateurs, estime que 96 % des fraudes ne sont jamais signalées). Or, plus les plaintes se multiplient autour de certains sites, plus les chances augmentent que ces dossiers soient traités par les autorités judiciaires, et donc que les victimes soient dédommagées.
3. **Continuez d'insister auprès du site frauduleux.** Certains témoignages nous sont revenus de victimes qui ont réussi à récupérer au moins une partie de leur investissement. Certains arnaqueurs préfèrent parfois rembourser les victimes même partiellement – en espérant pouvoir poursuivre leur business malhonnête en toute tranquillité.

Chapitre 15.

Mon premier élevage de cryptochatons

Les crypto-*kitties* sont d'adorables petits chatons numériques aux caractéristiques physiques surprenantes. Ils sont tigrés, unis ou à pois. Ils sont blancs, gris, verts, jaunes, roses, orange ou multicolores. Ils ont parfois des oreilles de lapin, des dents de vampire, des ailes de dragon ou des pattes de canard. Ils louchent souvent. Ils ont l'air un peu ahuris.

On peut les acheter, les collectionner, les inviter à se reproduire entre eux et les revendre. Ils sont mignons, totalement inoffensifs et… parfaitement inutiles.

Fin 2017, ils font l'objet d'une véritable frénésie sur la planète crypto. Tout le monde veut son cryptochaton ! À cette période faste pour le bitcoin, les échanges de chatons virtuels sont tellement nombreux qu'ils ralentissent le réseau Ethereum, l'un des protocoles cryptos les plus importants après celui de Bitcoin.

Cet engouement inédit pour un projet crypto qui rencontre – pour une fois – le grand public me donne une idée. Et si je me lançais dans l'élevage de cryptochatons ?

Je m'inscris sur le site cryptokitties.co et alimente mon compte en ethers (ETH), la monnaie virtuelle qui sert d'unique moyen de paiement pour ces curieux animaux de compagnie rappelant les Tamagotchis ces petits animaux fictifs élevés dans un boîtier électronique, que l'on s'amusait à nourrir virtuellement dans les années 1990.

Ma première boule de poils, que je baptise CryptoQueen, me coûte à peine 0,0026 ETH (1,5 euro environ au cours du jour). J'ai rapidement peur qu'elle s'ennuie toute seule. Je décide de lui apporter un peu de compagnie et achète CryptoKing, un élégant chat roux portant une moustache à la Salvador Dali, à peu près au même prix. Je ne perds pas de temps et les invite à se rapprocher tendrement.

Quelques minutes plus tard, CryptoBaby voit le jour. À ma grande surprise, ce dernier revêt d'improbables cornes de cerf. Ravi, je me convaincs qu'il s'agit d'une caractéristique exceptionnelle, fruit d'un croisement génétique rare qui pourrait un jour me rapporter beaucoup d'argent.

Je me suis déjà attaché à cette petite famille et décide d'être patient pour cette première expérience. Je vais conserver ce charmant trio familial, en attendant qu'il prenne de la valeur.

Je fais rapidement l'acquisition d'un nouveau couple, qui donne naissance peu de temps après à un nouveau chaton. Cruel, je le mets immédiatement en vente au prix de 0,01 ETH. Une affaire pour les vrais amateurs ! Las, je constate avec regret que mon petit chat virtuel n'intéresse absolument personne. Il faut dire qu'il n'a pas fière allure, avec ses yeux troubles, son torse bleu pâle et sa barbichette rousse.

Au cours des 24 heures suivantes, le prix de vente que j'ai initialement fixé (0,01 ETH) va gentiment dégringoler jusqu'à atteindre le prix plancher de 0,003 ETH. J'ai choisi moi-même ce tarif minimum, qui correspond très exactement au prix d'achat de mes premiers chatons. Ce serait déjà pas mal pour un crypto-*kittie* que je n'ai pas acheté, mais qui est issu en droite ligne de mon propre élevage. Cette fois-ci, je ne peux pas me rater ! Si je multiplie les croisements, je vais vite devenir riche !

Pas si vite…

Chaque opération est évidemment grevée de frais de transaction, dont une partie va directement dans la poche de la plateforme cryptokitties.co. Pour acheter un chaton à 0,003 ETH, je dois ajouter 0,0004 ETH de frais (+ 14 % !). Pour mettre un chaton en vente, je débourse une somme forfaitaire, l'équivalent de 0,35 euro. Même les accouplements sont payants ! Pour chaque naissance, je suis obligé d'investir l'équivalent de 3,7 euros.

Une nouvelle fois, la rentabilité de l'opération semble s'éloigner.

Mais je me sens malgré tout happé par le démon du jeu. J'achète quelques chatons supplémentaires. J'en garde certains, j'en revends d'autres, j'agrandis quelques familles, je m'amuse à leur trouver des noms improbables dans l'espoir d'attirer l'attention d'éventuels acheteurs.

Malheureusement, je ne parviens pas à trouver la formule miracle. Malgré des dizaines de tentatives, aucun des matous achetés ou obtenus suite à un croisement ne m'a permis de faire la moindre plus-value. Heureusement, je n'ai pas investi de sommes folles (40 euros environ au total) dans cette activité somme toute assez amusante.

Certains de mes *kitties* sont encore en vente et cherchent désespérément un acquéreur. Avis aux amateurs !

En pratique, comment ça marche ?

Un phénomène de mode

Ces petits chats numériques ont connu un succès énorme sur la planète crypto. Portés par l'envolée spectaculaire du cours du bitcoin, les crypto-*kitties* ont connu leur heure de gloire fin 2017. Les transactions se sont multipliées sur la plateforme, au point que le réseau Ethereum, trop fortement sollicité, a subi quelques ratés.

Certaines ventes de cryptochatons laissent pantois. Au plus fort de la fièvre, un *kittie* nommé Genesis, apparemment très rare ou très convoité, s'est échangé pour 253 ETH, ce qui représentait ce jour-là (le 7 décembre 2017) la somme incroyable de 110 000 dollars ! Tout ça pour un animal virtuel.

Par la suite, l'engouement pour la plateforme est largement retombé. En juin 2018, le nombre de transactions était inférieur de 98 % aux volumes constatés six mois plus tôt, selon les données du site spécialisé Bloxy.

Bizarrement, cela n'a pas empêché le précédent record d'être battu. Le 4 septembre 2018, un crypto-*kittie* mauve pâle dénommé Dragon – une référence logique à sa queue de dragon a été acheté par un audacieux (ou imprudent) collectionneur pour la somme de 600 ETH, soit 147 000 euros à l'époque.

Est-ce sérieux ?

Les crypto-*kitties* représentent l'une des premières applications « grand public » de la technologie de la *blockchain*. Relativement facile d'accès, ce jeu utilise le protocole Ethereum, qui a donné son nom à l'ether (ETH), la deuxième cryptomonnaie la plus importante en termes de volumes d'échange après le bitcoin.

Ethereum, créé par le Russe Vitalik Buterin, l'une des stars de la planète crypto, est utilisé par de nombreuses entreprises et start-ups qui créent des projets basés sur la technologie de la *blockchain*. Ethereum est notamment à la base de certains développements en matière de contrats intelligents (*smart contracts*). Les contrats intelligents sont des contrats inscrits dans la *blockchain*, dont certaines clauses peuvent s'exécuter de manière automatisée en fonction de certains événements prédéterminés. Un des projets les plus connus a été lancé par la compagnie d'assurance Axa dans le domaine des voyages en avion.

Ces développements très sérieux dénotent avec le caractère futile de la plateforme récréative CryptoKitties. C'est pourtant la même technologie que celle décrite ci-dessus qui est utilisée. Les échanges et la reproduction des cryptochatons sont assurés grâce au protocole Ethereum. L'existence et l'historique des transactions concernant les *kitties* sont retranscrits et certifiés sur la *blockchain*.

Par contre, il est évident que les élevages de chats virtuels ne révolutionneront pas la face du monde. Il s'agit simplement d'un jeu basé sur l'attrait qu'exercent les collections sur beaucoup d'entre nous. Les crypto-*kitties* reposent sur les mêmes ressorts que les célèbres vignettes Panini, qui s'échangent dans les cours de récréation (ou dans les *open spaces*) lors des coupes du monde de football.

Dans la foulée des crypto-*kitties*, d'autres initiatives du même style ont vu le jour sur la planète crypto. C'est ainsi que le jeu Crypto Celebrities est apparu. Le principe est simple. Il s'agit d'une plateforme d'échange où les utilisateurs peuvent se procurer les célébrités qu'ils admirent ou qu'ils détestent. Particularité : il n'existe qu'un seul exemplaire de chaque personnalité. Pour la chanteuse Britney Spears, comptez 36 ETH

(2 880 EUR)[1]. Pour l'actrice Emma Watson, le tarif monte à 82 ETH (6 560 EUR). Le plus cher ? Un certain Donald Trump : 151 ETH (12 080 EUR). Par contre, vous ferez une affaire avec Hugh Hefner : le fondateur de *Playboy* ne vaut que 0,0097 ETH, soit moins d'un euro. Précisons tout de même qu'il s'agit d'une simple photo numérique des célébrités en question, glanée sur Internet. Le vide intersidéral, donc.

Toujours est-il que le phénomène crypto-*kitties* attire les curieux, mais aussi les investisseurs. En mars 2018, la plateforme a levé la bagatelle de 12 millions de dollars auprès de fonds d'investissement prestigieux, comme Andreessen Horowitz (investisseur historique dans Facebook) et Union Square (Twitter). Ces deux fonds s'intéressent particulièrement aux cryptomonnaies, puisqu'ils ont également mis des billes dans Coinbase, l'une des plateformes d'échange les plus populaires (chapitre 4).

¬ L'élevage de crypto-kitties est-il rentable ?

Au cours de mon expérience cryptoféline, j'ai interrogé un de mes contacts, Anis, sur les possibilités de gagner sa vie en tant qu'éleveur de chatons virtuels : « Certains ont multiplié leur mise de départ par 25, m'explique ce consultant spécialisé dans la *blockchain*. Tout dépend des attributs des chats. Il faut savoir se positionner et comprendre les règles. Mais c'est aussi une expérience ludique, qui permet de mieux comprendre le fonctionnement de la *blockchain*. »

Stricto sensu, les règles sont relativement simples. L'idée est d'acheter, d'élever, de reproduire et de revendre les chatons numériques. Pour faire une plus-value à l'occasion de la revente, c'est plus nébuleux. Après quelques semaines d'utili-

1 Valeur et cours au 12 décembre 2018.

sation, je ne suis pas parvenu à identifier les caractéristiques « rares » qui augmenteraient la valeur de certains chatons.

Basiquement, tout cela repose une nouvelle fois sur le principe de l'offre et de la demande. Si j'ai la chance de trouver un acheteur prêt à débourser une somme supérieure au prix d'achat, je suis gagnant. Dans le cas contraire, je suis perdant.

Par ailleurs, l'engouement pour les cryptochatons semble avoir suivi la courbe du bitcoin. Tant que les cryptomonnaies étaient en phase ascendante, les *kitties* prenaient mécaniquement de la valeur. Dans une phase descendante, c'est exactement le contraire. La mode des crypto-*kitties* semble être retombée comme un soufflé dans la foulée de la chute des cours des cryptomonnaies.

NOTRE CONSEIL :

Ne prenez pas les cryptochatons trop au sérieux. Finalement, il vaut mieux prendre cette expérience pour ce qu'elle est fondamentalement : un simple jeu en ligne. Si vous êtes prêt à dépenser quelques euros pour y participer, vous pourrez y trouver un certain plaisir régressif.

Chapitre 16.

Comment revendre ses bitcoins

« Les cryptos, c'est comme les *hand spinners*, c'est *has been.* » Ce constat désabusé est signé Bernard, l'un de mes premiers soutiens et conseillers de l'ombre. C'est lui qui m'a mis le pied à l'étrier et donné de précieuses et judicieuses recommandations alors que je découvrais le monde mystérieux du bitcoin.

Je suis quelque peu décontenancé par cette volte-face, venant de l'animateur d'un des groupes les plus enthousiastes que j'ai rejoints sur WhatsApp. Mais je ne suis pas loin de céder moi aussi au défaitisme ambiant. Après trois mois d'investissements en tous genres et de tentatives multiples pour faire fructifier mon capital, mon bilan n'est pas très glorieux.

Le bitcoin a subi une solide décote, entraînant les monnaies alternatives (*altcoins*) dans son sillage. La plupart de mes placements sont dans le rouge. Je m'apprête à quitter la planète crypto sur un piteux constat d'échec.

Mais surprise de dernière minute le bitcoin reprend brusquement de la vigueur ! Est-ce le début d'une nouvelle et spectaculaire phase ascendante, similaire à celle qu'a connue la star des cryptomonnaies fin 2017 ? Ou est-ce le *dead cat bounce** ? Ce « sursaut du chat mort » est une image bien connue sur la planète crypto, symbolisant un ultime spasme avant une plongée irrémédiable dans les abysses.

J'hésite.

Si je retire immédiatement toutes mes cryptoéconomies, je fais peut-être une grosse bêtise. Je risque de passer à côté de la montre en or. D'un autre côté, si j'attends quelques jours de plus et que le marché se retourne une nouvelle fois, je risque d'y perdre encore plus.

Sur certains groupes Facebook spécialisés dans les cryptos, les analyses techniques se multiplient. À coups de graphiques et de chandelles de plus en plus vertes (ce serait bon signe…), certains spécialistes autoproclamés expliquent qu'après le *bear run**, on s'apprête à traverser une nouvelle phase de *bull run**. C'est la « chevauchée du taureau », synonyme de hausse spectaculaire des cours, dans un langage crypto calqué pour l'occasion sur celui des *traders* de Wall Street. Au sein de la communauté du bitcoin, l'enthousiasme commence à revenir. On me suggère de ne pas quitter le navire tout de suite, alors que la conjoncture se retourne enfin.

Je suis en plein FOMO* (« *Fear of missing out* », la peur de « louper le coche » en langage crypto).

Après quelques heures de tergiversations, je craque. Plutôt que de clôturer mes comptes séance tenante, je décide de m'accorder un petit délai supplémentaire. Je vais tenter un dernier coup de poker avant de me retirer.

Je m'octroie trois jours de rab, histoire (j'espère) de me refaire une petite santé.

Je décide de ne pas toucher à mes *altcoins*, ces actifs virtuels alternatifs dont je possède plusieurs spécimens (stellar, nem, neo, ripple, etc.). Dans une phase ascendante, les monnaies alternatives peuvent potentiellement flamber encore plus fort et plus vite que le bitcoin. C'est parfait pour une opération à très court terme comme celle que j'envisage.

Électrisé par cet ultime défi, je convertis une partie de mon trésor de guerre (mes bitcoins) en une monnaie alternative prometteuse. Avec un peu de chance, je réaliserai un gros coup, en trois jours chrono, avant de quitter la scène.

Mon choix se porte sur IOTA, un actif qui fait partie du top 10 des monnaies virtuelles en termes de capitalisation, selon le site spécialisé CoinMarketCap. Un investisseur en herbe, nouveau passionné des cryptomonnaies et très actif sur un groupe WhatsApp sobrement intitulé « Blockchain Talks », m'en dit le plus grand bien.

Il conclut son conseil par une mise en garde : DYOR*. Cet étrange acronyme signifie « *do your own research* ». Fais tes propres recherches sur le IOTA, m'explique en substance mon contact. J'aimerais bien, mais je n'ai pas le temps. Il me reste trois jours pour boucler mon opération.

Sans trop réfléchir, j'achète donc pour 0,05 bitcoin de IOTA, ce qui représente un bon 300 euros au cours du jour. Avec la ferme intention de le revendre juste après un week-end bien mérité... avec une belle plus-value à la clé.

Deux jours plus tard, je constate que ce tuyau s'est avéré assez pertinent. En 48 heures, mes placements en IOTA ont flambé de 17 % ! Je gagne 52 euros dans l'affaire. Ce n'est pas Byzance, mais je suis plutôt fier de mon coup.

Autre bonne nouvelle : l'airswap (AST), une monnaie virtuelle alternative que j'ai achetée récemment, s'est elle aussi très bien comportée. L'airswap me permet de signer une incroyable plus-value : + 73 % ! Cet investissement tardif me rapporte 157 euros.

Hélas, la liste des bonnes nouvelles s'arrête là. La longue litanie de mes placements malheureux fait peine à voir.

Mon investissement le moins rentable ? Le nem (XEM). J'ai acheté ce cryptoactif chinois au début de mon expérience (chapitre 2). Sa valeur n'a fait que dégringoler, au point d'afficher une culbute de - 67 % ! Je perds 122 euros dans cette opération.

Le stellar (XLM), le neo (NEO), le ripple (XRP), l'icon (ICX)... sont eux aussi dans les choux. Au fil des semaines, leur valeur a chuté de 17 % à 40 %. L'ether (ETH) m'a également coûté cher. La deuxième monnaie virtuelle en termes de capitalisation derrière le bitcoin a connu une grosse décote de - 44 %. En fin de compte, je perds près de 500 euros rien que sur l'ether.

Mais c'est finalement ce bon vieux bitcoin (BTC) qui est le responsable du plus gros trou dans mon portefeuille (- 655 euros). C'est logique, vu les volumes que j'ai investis dans la célèbre cryptomonnaie.

Reste à récupérer mes placements (ou ce qu'il en reste) sur mon compte en banque. Comme vous l'aurez compris, mon bilan final s'écrira en négatif. Mais je compte bien chasser jusqu'au dernier satoshi* (fraction de bitcoin) sur les différentes plateformes que j'ai utilisées au cours de mes pérégrinations sur la planète crypto, et sur mon portefeuille sécurisé (chapitre 5).

Je décide d'utiliser la plateforme d'échange luxembourgeoise Bitstamp pour procéder à cette ultime opération. Elle me paraît plutôt fiable et assez facile d'accès.

Je fais le tour de mes portefeuilles en ligne et procède dans un premier temps à la conversion de mes monnaies alternatives en bitcoins. Il faut savoir que la plupart des *altcoins* ne peuvent pas être échangés directement contre de la monnaie fiat*. Seules les monnaies virtuelles établies comme le bitcoin (BTC), le litecoin (LTC) ou l'ether (ETH) peuvent être converties en dollars, en euros ou en autres monnaies traditionnelles. Je choisis donc de convertir tous mes cryptoactifs en bitcoins avant de les rapatrier sur un compte unique hébergé sur Bitstamp.

En procédant à ces opérations de conversion de devises alternatives en bitcoins, j'ai une dernière surprise : je constate qu'il me reste par-ci par-là de petites fractions de cryptomonnaies. J'ai encore un peu de dash (l'équivalent de 7,2 euros) sur Kraken, vestige des agissements peu glorieux de mon robot *trader* (chapitre 11). Sur Binance, les quelques euros de neogas (GAS) et d'ontology (ONT) que j'ai reçus en « cadeau » suite à l'acquisition de neos (NEO) sont encore là aussi.

Je tente de convertir ces cryptomiettes en bitcoins. Impossible. Pour seule explication, je reçois un message laconique : « Montant insuffisant. » Est-ce une manière peu élégante pour les plateformes de ponctionner des frais cachés supplémentaires ? Cela y ressemble fortement. Je suis contraint de faire une croix sur ces restes de monnaies virtuelles et les laisse en déshérence sur les plateformes d'échange, comme une sorte de pourboire forcé.

Après avoir converti mes monnaies alternatives et tenté de racler mes fonds de tiroir, je procède au rapatriement de mes bitcoins sur Bitstamp. Dès que j'ai amassé tout ce qu'il me restait, je convertis le montant total en euros.

Ultime stress : il me reste à virer ces euros sur mon compte en banque. Retour à la vie réelle. Avec un petit pincement au cœur et après avoir vérifié dix fois les coordonnées bancaires et fait plusieurs captures d'écran pour « preuve » –, je clique sur « envoi ».

Inquiet, je me connecte fébrilement à mon application bancaire. Rien. Et c'est logique : le virement prend quelques jours, comme dans le système bancaire traditionnel. Mais le monde non régulé de la cryptomonnaie continue à me rendre nerveux. À tort, cette fois, puisque moins de 48 heures plus tard, je reçois le montant envoyé.

Il me reste très exactement 3 282 euros sur les 5 000 euros investis au départ.

J'ai perdu 34 % de mon capital initial.

En pratique, comment ça marche ?

À un moment, il faut bien se résoudre à revendre ses cryptoactifs. En tout ou en partie.

Ne perdez jamais de vue que vos plus-values, tout comme vos pertes, restent virtuelles tant que vous n'avez pas converti vos cryptomonnaies en euros. Comme dans le monde de la bourse et des actions, la valeur réelle de vos placements ne se matérialisera que le jour où vous déciderez de les revendre.

Au cours de mon expérience, j'ai vu énormément d'investisseurs, débutants et aguerris, fanfaronner sur les performances incroyables de leur portefeuille de cryptoactifs. Certains se réjouissaient d'avoir doublé ou triplé leur mise en quelques semaines à peine. Beaucoup ont regretté par la suite ces déclarations faites en pleine bitcoin-mania, quand la valeur de la cryptomonnaie explosait.

À l'inverse, quand la chute s'enclenche, beaucoup d'investisseurs ne parviennent pas à résister à la tentation de revendre leurs positions. Après plusieurs semaines dans le rouge, de nombreux investisseurs préfèrent sortir du marché, quitte à acter des pertes, pour éviter de creuser encore plus leur déficit.

C'est un phénomène bien connu. Quand le marché monte, c'est l'euphorie, personne ne songe à revendre ses actifs. Et quand le marché décline, c'est le contraire, les investisseurs veulent se délester au plus vite de leurs possessions. L'émotion bien compréhensible est souvent mauvaise conseillère.

Tout est évidemment question de *timing*. C'est simple : un investisseur doit essayer d'acheter au plus bas et de vendre au plus haut. Mais c'est plus facile à dire qu'à faire. Dans un marché aussi volatil que celui du bitcoin et des cryptomonnaies, la tendance d'un jour peut se retourner en un claquement de doigts. Quoi qu'en disent les pros du crypto-*trading*, on n'est pas loin de l'économie-casino. Pour réaliser de belles opérations ce qui est tout à fait possible , il vous faudra une certaine dose de chance.

¬ Revendre ses bitcoins en quatre étapes

1. Convertissez toutes vos cryptos en bitcoins

Peu de monnaies virtuelles sont échangeables directement contre de la monnaie fiat (euro, dollar, etc.). C'est le cas bien entendu du bitcoin (BTC). L'ether (ETH), le litecoin (LTC), le ripple (XRP) ou encore le bitcoin cash (BCH) peuvent aussi faire l'affaire.

Cela signifie que la première étape indispensable pour convertir vos cryptoactifs en euros est de les convertir en l'une de ces cryptomonnaies bien établies.

Notre conseil : si vous souhaitez liquider l'ensemble de vos cryptoplacements, commencez par convertir ceux-ci dans une seule et unique monnaie virtuelle. Pour éviter de multiplier les opérations (et les frais qui vont avec), convertissez tous vos *altcoins* en bitcoins. C'est la monnaie la plus couramment utilisée. Dès que vous aurez tout converti en bitcoins, vous y verrez plus clair sur les bénéfices ou les pertes que vous aurez réalisé(e)s au cours de vos achats et ventes de cryptomonnaies.

2. Rapatriez vos bitcoins sur une seule plateforme d'échange

Choisissez la plateforme d'échange qui vous convient et qui vous semble la plus fiable pour rapatrier l'ensemble de vos bitcoins. Lorsque l'on investit dans les cryptomonnaies, il n'est pas rare que l'on utilise diverses plateformes et portefeuilles en ligne. Veillez à bien faire le tour de l'ensemble de ceux-ci et rassemblez toutes vos possessions (ou une partie de celles-ci si vous souhaitez continuer à investir dans les cryptos) en un seul et même endroit.

3. Convertissez vos bitcoins en euros

Toutes les plateformes d'échange vous permettent de convertir des bitcoins en euros. C'est une étape assez simple et rapide, mais qui est comme d'habitude grevée de frais de transaction. Vos euros (issus de la conversion de vos bitcoins) sont alors stockés sur le portefeuille en ligne de la plateforme que vous avez choisie.

4. Virez vos euros sur votre compte en banque

C'est la dernière étape. Comme pour un virement bancaire classique, cette opération peut prendre plusieurs jours. Le jour où vous recevez le montant en euros, vous connaissez enfin de manière très précise le montant de votre gain ou de votre perte, par rapport au montant que vous avez investi initialement.

Lexique

Altcoin : Cryptomonnaie alternative. Il existe plus de 2000 cryptomonnaies alternatives au bitcoin.

Antminer : Machine utilisée par les mineurs de cryptomonnaie. Cet appareil très performant et très énergivore peut coûter plusieurs milliers d'euros. Il permet de valider les transactions et de créer de nouvelles cryptomonnaies.

ATH : « *All time high* ». « Montant le plus haut ». C'est la valeur maximale jamais atteinte par une cryptomonnaie. Fin 2017, le bitcoin a atteint 16000 euros (20000 dollars).

Attaque à 51 % : Attaque informatique par laquelle un groupe très organisé de mineurs prend le contrôle du protocole Bitcoin. Cette attaque suppose de développer une puissance de calcul supérieure à 50 % de celle utilisée par Bitcoin. Elle permet de réécrire et de falsifier des transactions et de « voler » de la cryptomonnaie. C'est un cas de figure très théorique dans le cas du bitcoin, vu la puissance informatique colossale qu'il faudrait réunir. Par contre, c'est déjà arrivé pour d'autres cryptomonnaies moins utilisées, comme Ethereum Classic en janvier 2019.

Bear : « Ours ». Le marché est à la baisse, c'est la désolation dans le monde des cryptos. Ce terme est calqué sur le marché des actions.

Bitcoin : Mot issu d'une contraction des termes « *bit* » (unité binaire de quantité d'information, généralement symbolisée par 0 ou 1) et « *coin* » (pièce de monnaie). Le bitcoin est – selon le *Larousse* une unité monétaire d'un système de paiement virtuel permettant à une communauté d'utilisateurs d'échanger des biens et des services sur Internet. Écrit avec une majuscule, Bitcoin représente le protocole sur lequel est basé le système de paiement de la cryptomonnaie (« Bitcoin est le paiement du futur »). Écrit avec une minuscule, le bitcoin représente une unité de compte de la cryptomonnaie (« Avec mes bitcoins, je vais m'acheter une Lambo* »).

Blockchain : « Chaîne de blocs ». La *blockchain* est une technologie qui permet de stocker des données numériques de manière décentralisée et sécurisée. C'est une sorte de registre en ligne qui contient la liste de tous les échanges (ou transactions) effectués entre utilisateurs. Mis à jour en temps réel, ce registre est réputé infalsifiable grâce à un système cryptographique, via lequel chaque transaction est validée par les utilisateurs. Toutes ces transactions sont inscrites dans le registre par blocs de données, formant une « chaîne de blocs » inaltérable. Le bitcoin est l'application la plus connue de la technologie de la *blockchain*.

Bot : « Robot ». Un *trading bot* est un petit logiciel qui place des ordres d'achat et de vente à votre place.

BTFD : « *Buy the fucking dip* ». « Achète dans le p*** de creux ». Quand les cours s'effondrent, l'investisseur astucieux en profite pour acheter à bas prix. Encore faut-il identifier le fond du trou (*dip**) pour espérer revendre lors d'une prochaine remontée des cours. La formule plus sage est BTD, pour *Buy The Dip*.

Bull run : « Taureau ». Le marché est à la hausse, c'est l'excitation dans le monde des cryptos. Ce terme est calqué sur le marché des actions.

Clé privée : Il s'agit du code secret (composé d'une longue suite de chiffres et de lettres) qui vous donne accès à vos cryptomonnaies. Pour éviter tout risque de piratage, il faut protéger ses clés privées grâce à un système de sécurisation en ligne ou via un appareil de type Ledger ou Trezor.

Cloud mining : « Minage dans le nuage » (voir la définition du minage ou *mining* ci-après). Certains mineurs de bitcoin rejoignent des pools (équipes) qui mettent leurs capacités informatiques en commun, en réseau. Ils font du *cloud mining*.

Day trading : « *Trading* quotidien ». Cette activité très chronophage consiste à surveiller en permanence les cours des cryptomonnaies afin de réaliser des opérations à très court terme.

Dead cat bounce : « Le sursaut du chat mort ». Vous pensez que le marché repart à la hausse (*bull**), mais ce n'est finalement qu'un ultime spasme avant qu'il ne replonge de plus belle. Les investisseurs débutants (ou malchanceux) tombent souvent dans le panneau.

Dip : « Creux ». Si vous parvenez à l'identifier, c'est le moment d'acheter (voir BTFD*).

DYOR : « *Do your own research* ». Fais tes propres recherches. C'est ce que conseillent les investisseurs aguerris aux débutants qui leur demandent des conseils. À vous de vous intéresser aux projets qui se cachent derrière les cryptomonnaies ou les ICO dans lesquelles vous souhaitez investir.

Exchange : Plateforme d'échange. Les *exchanges* sont les intermédiaires en ligne qui vous permettent d'acheter et de vendre des cryptomonnaies. Coinbase, Binance, Kraken, Bitstamp, Bit4You sont des plateformes d'échange.

Exit scam : « Arnaque à la sortie ». Ce type d'arnaque est malheureusement fréquent dans le monde des cryptomonnaies. Un acteur ou un groupe malintentionné crée un *altcoin** ou lance une ICO* autour d'un projet alléchant et les investisseurs affluent. En fait, le projet n'existe pas. Le concepteur de l'arnaque touche les fonds et prend la tangente (*exit*).

Fees : « Frais ». Très énervants et parfois cachés, les *fees* grèvent à peu près chaque transaction effectuée sur un *exchange**.

Fiat : Monnaie traditionnelle. Par opposition aux cryptomonnaies, les monnaies fiat sont les devises classiques : euro, dollar, yen, etc.

FOMO : « *Fear of missing out* ». La peur de rater un beau coup. Impatient et impétueux, l'investisseur novice réalise des investissements irréfléchis au mauvais moment, de crainte de louper une occasion en or.

FUD : « *Fear, uncertainty and doubt* ». « Peur, incertitude et doute ». C'est le sentiment dans lequel sont plongés tous les investisseurs amateurs qui n'ont pas l'habitude des soubresauts des placements risqués en cryptomonnaies. Cet état d'esprit mène souvent à des décisions précipitées qui peuvent s'avérer dommageables pour les placements.

Hachage : La fonction de hachage est la technique cryptographique qui permet de valider et de sécuriser les transactions. Les fonctions de hachage peuvent varier d'une cryptomonnaie à une autre.

HODL : Pour « *HOLD* » (garder). Lorsque le bitcoin s'effondre, les « vrais » investisseurs laissent passer l'orage et conservent leurs positions. Ils gardent leurs placements en cryptomonnaies. Leur mot d'ordre est HODL. À la suite d'une faute typographique devenue célèbre, l'orthographe communément admise dans le monde crypto est HODL.

ICO : « *Initial coin offering* ». Cette levée de fonds typique du secteur crypto vise à réunir des capitaux pour financer un projet de start-up, souvent dans le secteur de la *blockchain*. À cette occasion, un *token** est créé, que les investisseurs peuvent se procurer pour participer à la campagne de financement.

KYC : « *Know your customer* ». Littéralement, « connais ton consommateur ». Le KYC représente l'ensemble des démarches que certaines plateformes d'échange (*a priori* les plus sérieuses) imposent à leurs utilisateurs pour vérifier leur identité. Il peut s'agir d'entrer des informations personnelles, d'envoyer une photo, mais aussi de s'assurer que le domicile de l'utilisateur est le bon via des factures de gaz ou d'électricité.

Lambo : C'est une sorte de Graal, mais aussi une *private joke* pour les investisseurs en cryptomonnaies. Un investisseur qui a réussi dans le monde très bling-bling du bitcoin aime se déplacer en Lamborghini, et surtout le montrer sur les réseaux sociaux (même si la Lambo n'est louée que pour une heure).

Lightning Network : Le « réseau éclair » est une initiative émanant de développeurs de la communauté Bitcoin visant à accélérer les transactions sur le réseau. Les transactions en bitcoins souffrent actuellement d'une certaine lenteur et d'une surconsommation énergétique. Le Lightning Network a pour objectif de rationaliser le processus de minage.

Mining : « Minage ». Le minage de bitcoin est l'opération par laquelle les transactions en cryptomonnaie sont validées et de nouveaux bitcoins sont créés. Pour ce faire, les mineurs mettent à disposition du réseau les capacités informatiques de leurs puissantes machines.

Noob : « Amateur ». Se dit de tout investisseur novice dans les cryptomonnaies, qui commet toutes les erreurs classiques du débutant.

Paires : Les paires comparent les taux de conversion entre deux cryptomonnaies.

Par exemple, la paire BTC/ETH permet de voir l'évolution du bitcoin par rapport à l'ether et vice-versa.

Panic sell : « Vente en panique ». C'est un phénomène bien connu lorsque le marché est fortement secoué. Effrayés par les pertes qui s'amoncellent, les investisseurs cèdent souvent à la tentation de revendre leurs positions. C'est la panique.

Pool : Un *pool* de mineurs est un groupe d'individus qui minent du bitcoin ou d'autres cryptomonnaies. La plupart des mineurs s'organisent en *pool*, afin d'être plus efficaces et d'avoir plus de chances de toucher la récompense en bitcoins attribuée aux mineurs qui trouvent la solution de l'énigme informatique qui leur est soumise lors de la validation d'une transaction en cryptomonnaie.

Pump & dump : Littéralement « pompe et jette ». Ce mécanisme, qui s'apparente à de la manipulation de marché, permet à des petits malins de se faire de jolies plus-values en peu de temps. L'idée est de rassembler un nombre conséquent d'investisseurs (souvent via les réseaux sociaux de certains influenceurs) afin de cibler une crypto en particulier. Si un grand nombre d'ordres d'achat sont lancés simultanément (*pump*), le cours de la crypto monte. C'est alors le moment pour le groupe de lâcher (*dump*) son placement et de le revendre avec une plus-value.

Rig : Un rig est une installation informatique dédiée au minage de bitcoin. Il s'agit d'un ordinateur spécifique, qui peut être équipé de plusieurs cartes graphiques.

Satoshi : Fraction de bitcoin. Le satoshi est l'équivalent du centime d'euro. Son nom est calqué sur celui du mystérieux créateur du bitcoin, Satoshi Nakamoto.

Scam : « Arnaque ». Le monde non régulé des cryptomonnaies n'est pas à l'abri des *scams*, ces projets farfelus ou totalement creux que des concepteurs peu scrupuleux tentent de vendre à des investisseurs non avertis.

Shit coin : « Monnaie de merde ». De nombreux *altcoins** sont des *shit coins*. Ces cryptomonnaies n'ont à peu près aucune utilité. Elles permettent simplement à de petits rigolos de faire une bonne blague en baptisant leur cryptomonnaie d'un nom amusant, ou à certains investisseurs de spéculer sur leur pseudo-valeur.

Stable coin : Les « monnaies stables » sont des cryptomonnaies dont la volatilité est censée être limitée. Pour ce faire, le cours de ces monnaies est indexé sur celui d'une monnaie fiat* comme le dollar.

Stop/loss : Ce mécanisme permet aux investisseurs de limiter leurs pertes. Disponible sur la plupart des *exchanges**, le *stop/loss* permet de revendre automatiquement ses positions lorsque le cours de la cryptomonnaie que l'on possède franchit un seuil prédéfini.

TA : « *Technical analysis* », analyse technique. Il s'agit de graphiques analysant le cours du bitcoin et des cryptomonnaies. Les *traders* expérimentés parviennent à en tirer des « modèles » qui leur permettraient d'en déduire des tendances de marché. Ces graphiques sont généralement illustrés de chandelles rouges (baisse) et vertes (hausse).

Token : « Jeton ». Un *token* est un actif numérique créé à l'occasion du lancement d'une ICO*. Le *token* se voit attribuer une certaine valeur, censée refléter la valeur du projet faisant l'objet de l'ICO. Un *token* ne peut pas être comparé à une action. Il n'est généralement pas corrélé à un droit de vote. Il a parfois une utilité future (par exemple pour acheter des biens ou des services qui seront créés par la start-up). On parle alors d'un *utility token*.

To the moon! : « Jusqu'à la lune ! » Lorsque le bitcoin voit son cours bondir, ses supporters espèrent le voir atteindre la lune, comme c'est arrivé fin 2017. *To the moon!* est devenu une sorte d'incantation pour les cryptofans, qui espèrent toujours un retournement positif du marché. Sur les réseaux sociaux, n'oubliez pas d'y adjoindre un petit emoji « fusée ».

Trading : opérations d'achats et de ventes effectuées sur les marchés financiers. Par extension, le terme s'applique aussi aux opérations d'achats et de ventes effectuées sur le marché des cryptomonnaies. Le *trading* est une activité risquée.

Wallet : Portefeuille en ligne. Vous pouvez y stocker vos bitcoins.

Whale : « Baleine ». Les baleines sont des individus qui possèdent d'énormes quantités de bitcoins. Leurs mouvements (achat ou vente) sur le marché peuvent avoir un effet quasi immédiat sur les cours.

Whitepaper : « Livre blanc ». C'est le prospectus initial qui précède une ICO*, une levée de fonds en monnaie virtuelle. Le *withepaper* décrit l'objectif de l'ICO, le *token** qui sera émis, les éventuels droits liés au *token*, etc.